Wolf Buchinger

Positiv ins Alter

Wolf Buchinger

Positiv ins Alter

Ihr Ruhestandsplaner

Die Deutsche Nationalbibliothek verzeichnet diese Publikation in der Deutschen Nationalbibliografie; detaillierte bibliografische Daten sind im Internet über http://dnb.dnb.de abrufbar.

***

Das Werk einschließlich seiner Teile ist urheberrechtlich geschützt. Jede Verwertung außerhalb der Grenzen des Urheberrechts ist ohne ausdrückliche Zustimmung des Autors nicht gestattet. Das gilt insbesondere für Kopien, Einspeicherung und Verarbeitung in elektronischen Systemen.

© 2014 Wolf Buchinger/wolf.buchinger@bluewin.ch
Alle Reche vorbehalten
Karikaturen: Gregor Müller †
Lektorat: Birgit Günther/http://www.aktiv-altern.com
Umschlaggestaltung: Uhlig/www.coverdesign.net
Herstellung und Verlag: BoD – Books on Demand, Norderstedt
ISBN: 978-3-73571-8532

Inhalt

Ein paar Worte zur Einstimmung   9

Die »dritte« Lebenshälfte

Hilfe! Ich werde nicht mehr gebraucht!   14
Wie alt kann ich werden?   27
Was erwarte ich mir vom Alter?   29
Welchen Sinn gebe ich meinem Leben?   32
Wie groß soll meine »Bühne« sein?   35

Der Körper

Ist gutes Aussehen im Alter wichtig?   42
Schaden ein paar Pfunde zu viel?   44
Ein Wort zur altersgerechten Ernährung   47
Macht Bewegung im Alter Sinn?   50
Wie viel Bewegung ist gut für mich?   52

Medizinisches

Was bringen Vorsorgeuntersuchungen?   56
Schwarze Lunge dank blauem Dunst   58
Wie hoch ist das Risiko, an Krebs zu erkranken?   59
Wie viel Sonne braucht der Mensch?   61
Wie ist das mit dem Sauerstoff?   63
Schadet mir Alkohol?   65
Wozu regelmäßig Blutdruck messen?   67
Wie viel Wasser brauche ich am Tag?   69
Salz macht Wangen rot – oder früher tot?   71

Menschliches

Wie lange kann man im Alter Auto fahren?   74
Soll ich reisen oder lieber zu Hause bleiben?   76
Bis wann darf man sich verlieben?   78
Brauchen Senioren noch Sex?   80
Wie ist das mit dem Fernsehen?   82
Braucht man Bücher im Alter?   83

Welche Rolle spielt Musik?	84
Wozu brauche ich Internet?	86
Was bringt mir Wellness?	88
Glück im Alter – gibt es das?	90
Geburtstagsstress im Alter	92
Das Leben rast	94

Die letzten Jahre

Kann ich geistigen Verfall erkennen?	96
Allein leben oder ins Heim gehen?	98
Wie geht richtige Altersvorsorge?	101
Mein Traum: früher in Pension gehen	103
»In Rente«: Ist das schon das Ende?	104
Wohin mit meinem Vermögen?	106
Wie soll meine Beerdigung aussehen?	107
Sterben – wie geht das?	111
Denken Sie an umfassende Vollmachten	113
Gibt es ein Leben nach dem Tod?	116
Zum Schluss noch ein Tipp	118

Anhang

Lösungen	121
Wann ist man alt?	125
Mein Führerschein ins Alter	126
Danksagung	127

Haftungsausschluss:

Die Inhalte und Ratschläge in diesem Buch wurden vom Autor sorgfältig recherchiert und geprüft. Sie erheben keinen Anspruch auf Vollständigkeit. Eine Haftung des Autors bzw. des Verlags und seiner Beauftragten für Personen-, Sach- und Vermögensschäden ist ausgeschlossen.

Ein Anliegen des Autors:

Im Text wird in der Regel nur die männliche Form verwendet, um den Lesefluss nicht zu bremsen. Dies soll auf keinen Fall eine Diffamierung des weiblichen Geschlechts bedeuten! Expressis verbis gelten die Aussagen immer für Frauen und Männer gleichberechtigt.

Ein paar Worte zur Einstimmung

Etwa seit drei Millionen Jahren gibt es Menschen auf der Erde. Die meiste Zeit war ihr Leben im Vergleich zu heute sehr beschwerlich: Hunger, Kälte, Krankheit, Armut, Kriege. Auf eine kurze Kindheit folgte oft ein von Schmerzen und Qualen geprägtes kurzes Leben: Jahrtausendelang lag die durchschnittliche Lebenserwartung bei weniger als 40 Jahren. Das, was wir heute »Alter« nennen, ist im Verhältnis zur Menschheit ein sehr junges Phänomen.

Erst seit wenigen Jahrzehnten ermöglichen Medizin, Hygiene und reichlich Nahrung, dass der Mensch deutlich älter werden kann. Sie erinnern sich vielleicht noch an Ihre Großeltern, die mit 70 Jahren müde und ausgelaugt von der langen Lebens-Arbeitszeit ihren kurzen Ruhestand selten wirklich genießen konnten? Es ist noch gar nicht so lange her, dass man sagte: »Mit 60 ist alles vorbei.« Heute können Sie sich auf ein Drittel mehr aktive Lebenszeit einstellen, Ihre geschenkte dritte Lebenshälfte. Dieser Begriff ist mathematisch natürlich falsch, er soll Ihnen aber genüsslich zeigen, wie viel Zeit noch vor Ihnen liegt, die Sie mit einer entsprechenden Vorbereitung positiv genießen können.

Als wir jung waren, riss uns die Pubertät völlig unvorbereitet regelrecht mit. Beim Alter ist das anders: Wir können es zielgerichtet und bewusst planen und aktiv gestalten. Noch nie lebten in den Industrieländern so viele sogenannte Alte so gesund und mit solchen finanziellen Mitteln wie heute. Doch wer alt ist, erlebt häufig, dass er plötzlich nicht mehr in der Mitte der Gesellschaft steht – als ob Alter eine Krankheit wäre und älter werden ein Prozess Richtung Abgrund, Abbau, dem Sterben entgegen. Als ob man mit der Pensionierung nur noch wie Gemüse in der Landschaft herumstehen würde! Zum Denken unfähig, für eine Arbeit zu gebrechlich, für die Gesellschaft nur noch eine Last. Zum Glück ist das alles Habakuk.

Ich bin jetzt 70 und gehe jeden Tag mit Neugier an. Spannende Projekte beflügeln mich. Eine gewisse Gelassenheit hilft mir, zusammen mit jüngeren Menschen überraschende Ideen zu entwickeln: Denn wir ergänzen uns mit unterschiedlichen Eigenschaften. Da ist zum einen ein ungestümer Wille, etwas möglichst rasch auf die Beine zu stellen und zum anderen die Erfahrung, was zu beachten ist. Und gemeinsam gehen wir unseren Weg, der beiden Seiten Spaß macht.

Von einem 90-jährigen früheren Unternehmer erfuhr ich neulich, wie glücklich er sei, dass er seine langjährige Partnerin eben geheiratet habe und wie ihn diese neue Lebenssituation beflügele. Hochzeit mit 90, früher eine Sünde, heute ein glücklicher Umstand. Zwei 85-Jährige erzählten mir, wie sie sich vor ein paar Jahren bei einem Klassentreffen lieben gelernt haben und wie sehr sie jetzt die gemeinsame Zeit genießen. Eine 70-Jährige erzählte mir von ihrer engagierten Tätigkeit für eine gemeinnützige Organisation, die sie am Laptop erledigt. Ich erlebe ehemalige Manager, die voller Energie jungen Firmen beratend zur Seite stehen. Durch bessere Gesundheit und längeres Leben haben wir so viele Möglichkeiten für unsere Zeit der Pensionierung wie noch nie – vorausgesetzt, wir nutzen die Chancen!

Machen auch Sie den Führerschein ins Alter!

Jedes Kapitel beginnt mit einer Frage, zu der Sie eine Antwort aus drei Lösungsvorschlägen auswählen können. Kreuzen Sie Ihren Favoriten an und kontrollieren Sie am Ende der Lektüre dieses Buches, wie gut Sie sich schon mit Ihrer Ruhestandsplanung auskennen. Die Auflösungen finden Sie ab Seite 113, Ihren Führerscheinvordruck auf Seite 118.

Viel Glück!

Die »dritte« Lebenshälfte

Hilfe! Ich werde nicht mehr gebraucht!

Kaum zu glauben: Am häufigsten verdrängen wir Gedanken an das Ende unseres Berufslebens und die Zeit danach. Zum einen fehlt uns die Muße, der Alltag ist scheinbar immer wichtiger, zum anderen möchten viele sich nicht vorstellen, einmal alt zu sein und auf ihren Haupt-Lebensinhalt zu verzichten.

Doch jedes Berufsleben geht einmal zu Ende, das ist wie beim Fußball: Früher oder später ist Abpfiff, der Platz muss verlassen werden und die Vorbereitung auf das nächste Spiel beginnt.

Dieses nächste Spiel heißt Rente oder Pensionierung. Aus und vorbei ist der jahrzehntelange Lebensrhythmus, aus und vorbei die bisherige Lebensweise und vielleicht auch das Gefühl, gebraucht zu werden. Und es gibt eine rote Karte für alle, die glauben, es werde nun genau so weitergehen wie bisher. Veränderungen stehen bevor und Sie sollten sie nicht unterschätzen. Diese neuen Erfahrungen sind ähnlich intensiv wie Pubertät, Berufswahl oder Eheschließung.

In einem Alter, in dem der Mensch nicht mehr unbedingt auf Veränderung eingestellt ist, wird ein völlig neues Kapitel aufgeschlagen, das häufig fast so lange dauern wird wie das bisherige Berufsleben.

Grund genug, sich rechtzeitig und in vielen Facetten Gedanken zu machen, wie man diese wichtige Lebensphase verbringen und gestalten möchte. Zu glauben, dass sich die Dinge schon von selbst ergeben werden, führt mit ziemlicher Sicherheit in einen regelrechten Schockzustand. Denn plötzlich ist alles anders: Viele Verpflichtungen fallen weg und damit auch eine Menge Struktur und Halt.

Sie sollten das Thema nicht unterschätzen. Fragen Sie Rentner in Ihrem Umfeld: Ich habe einige getroffen, die in ein Loch gefallen sind, sich überflüssig vorkamen, gegen Unzufriedenheit ankämpfen mussten und einen neuen Sinn für ihr Leben brauchten, um sich in ihrer neuen Lebenssituation zurechtzufinden.

Nehmen Sie sich ein wenig Zeit und füllen Sie die Checklisten auf den folgenden Seiten der Reihe nach aus, bevor Sie dieses Buch lesen. Sie helfen Ihnen, sich Gewohnheiten und Abläufe bewusst zu machen und Sie werden schnell feststellen, dass Gedanken zu Ihrer dritten Lebenshälfte wertvolle und nützliche Gedanken sind – um sicherzustellen, dass Sie auch nach der Pensionierung sagen können:

Gut, dass ich gebraucht werde!

1. Mein typischer Tagesablauf vor der Pensionierung:

6h _____

7h _____

8h _____

9h _____

10h _____

11h _____

12h _____

13h _____

14h _____

15h _____

16h _____

17h _____

18h _____

19h _____

20h _____

21h _____

2. So stelle ich mir meinen Tagesablauf als Rentner vor:

6h _____

7h _____

8h _____

9h _____

10h _____

11h _____

12h _____

13h _____

14h _____

15h _____

16h _____

17h _____

18h _____

19h _____

20h _____

21h _____

3. Meine typischen Tätigkeiten vor der Pension mit Zeitbedarf:

Aufstehen und Frühstücken　　　　　　1h

Weg zur Arbeit　　　　　　　　　　　　h

4. So stelle ich mir meine typischen Tätigkeiten als Rentner vor:

Aufstehen und Frühstücken 1h

Bitte notieren Sie, wie es Ihnen mit dieser ersten Ruhestandsplanung erging, welche Ideen Ihnen gekommen sind, was Sie nicht vergessen möchten:

_____

_____

_____

_____

_____

_____

Die Checkliste auf den folgenden Seiten gibt Ihnen Gelegenheit, sich mit allen Aspekten Ihres jetzigen Lebens auseinanderzusetzen. Vieles davon wird auch im weiteren Verlauf dieses Buches eine Rolle spielen. Und letztlich geht es bei allem darum, herauszufinden, wo für Sie der Sinn im Leben liegen wird, wenn Sie die aktive Phase der Erwerbstätigkeit, in der Sie jetzt noch stecken, hinter sich gelassen haben. Nehmen Sie sich die Zeit, die Fragen zu beantworten. Jetzt ist die Gelegenheit gekommen, um den spannenden letzten Teil Ihres Lebens vorzubereiten. **Man kann nicht oft genug darauf hinweisen: Mitunter dauert der dritte Lebensabschnitt fast so lange wie das vorangegangene Berufsleben. Und das haben Sie doch auch geplant?**

5. Checkliste zur Pensionierung

Der Zeitpunkt meiner Pensionierung:
- ☐ mit 67 Jahren
- ☐ vorher: mit _____ Jahren
- ☐ später: mit _____ Jahren

Tipp: Berücksichtigen Sie Ihr Vermögen und Ihren Willen zu arbeiten sowie Ihre gesundheitliche Situation.

Altersteilzeit:
- ☐ Ich möchte bis zum Schluss zu 100% arbeiten
- ☐ Ich reduziere _____ Jahre vorher um _____ %
- ☐ Ich arbeite noch _____ Jahre länger zu _____ %

Tipp: Ein langsamer Übergang erleichtert den Umstieg und man gewöhnt sich besser an die neuen Freiräume.

Lebensstil nach der Pensionierung:
- ☐ Wie bisher, mein Geld reicht dafür aus.
- ☐ Ich werde mich wohl einschränken müssen.
- ☐ Ich warte ab und kalkuliere, wenn es soweit ist.

Finanzen und Versicherungen:

☐　Ich kenne mich aus und kann alles selbst regeln.
☐　Ich hole mir Hilfe von Experten, z. B. von:

_____

Tipp: Lassen Sie einen Fachmann einen Blick auf Ihre Finanzen werfen. Auch wenn sich das zunächst ungewohnt anfühlt: Ihre Sicherheit wird dadurch größer. Banken und Versicherungen beraten meist gratis; unabhängige Experten verlangen hingegen etwas.

Bindung an Firma und Beruf

Ein Leben ohne Verantwortung, Mitarbeiter, Prestige, geregelte Abläufe fällt mir später einmal:

☐　leicht
☐　ziemlich schwer
☐　sehr schwer

Tipp: Wenn Sie hier Probleme haben, sollten Sie sie mit einem Freund oder Coach besprechen, um neue Wege zu finden. Sie werden sich in jedem Fall von Bindungen an Kollegen und Verantwortung lösen müssen.

Umgang mit Zeit

Wie werden Sie Ihre neu gewonnene Zeit strukturieren?

- ☐ Ich überlasse alles meinem Gefühl und lebe in den Tag hinein.
- ☐ Mein Partner wird mir schon beibringen, wie ich leben soll.
- ☐ Endlich lange ausschlafen und nichts tun – das ist das wahre Leben!

Achtung Falle! Wenn Sie hier ein Kreuz gemacht haben, dann stellen Sie sich darauf ein, dass Sie nach wenigen Wochen mit sich selbst unzufrieden sein und destruktive Gedanken entwickeln werden! Deshalb ernsthaft auf ein Neues:

- ☐ Ich strukturiere meinen Tag klar und suche mir Inhalte, mit denen ich mich beschäftigen werde.
- ☐ Endlich kann ich mein(e) Hobby(s) leben, und zwar so:
  _____
  _____
  _____
  _____
- ☐ Ich habe noch keine Ideen für Inhalte und suche ab sofort. Erste Gedanken dazu:
  _____
  _____
  _____
  _____

Tipp: Die Mischung macht's!

Sport und körperliche Aktivität

☐ Ich weiß, wie ich mich fit halten werde, nämlich:

_____

☐ Ich nehme mir vor, mindestens zweimal pro Woche _____ Minuten zu trainieren (ideal: insgesamt mehr als zwei Stunden).

Tipp: Besprechen Sie diese Intervalle vor Trainingsbeginn mit Ihrem Hausarzt!

Gesellschaft und soziales Umfeld

Mit welchen Personen werden Sie weiterhin wie nahe zusammen sein?

☐ Ich versuche, Kontakt zu den besten Kollegen zu halten.
☐ Ich habe einen großen Freundeskreis und werde ihn weiter pflegen.
☐ Ich suche neue Bekanntschaften durch meine neuen Aktivitäten.
☐ Ich brauche das nicht. Mit mir allein bin ich am glücklichsten.

Die letzte Variante, Sie ahnen es, wird Sie nach wenigen Wochen isolieren und frustrieren, schließlich ist der Mensch bestimmt, in Gemeinschaften zu leben.

Die Rolle des Partners

Hand aufs Herz: Sind Sie gemeinsam auf den neuen Lebensabschnitt vorbereitet?

- ☐ Ja, wir haben bereits intensiv gesprochen und uns vorgenommen, uns zu unterstützen, indem wir an der sich verändernden Situation arbeiten.
- ☐ Wir sind noch nicht so weit und werden sofort/in _____ Woche(n) beginnen.

Tipp: Bisher hatte jeder seine Rolle und Freiräume. Auch das ändert sich jetzt. Klare Absprachen und eine bewusste Vorbereitung helfen. Wenn Sie dennoch nach ein paar Monaten das Gefühl haben, dass es nicht funktioniert, dann suchen Sie sich die Unterstützung durch einen Coach oder einen Paarberater

Ihre Wohnsituation

- ☐ Ich möchte, solange es geht, in meiner gewohnten Umgebung weiterleben.
- ☐ Ich werde eine kleinere Wohnung suchen, wenn ich spüre, dass mir die Arbeit zu viel wird.
- ☐ Ich ziehe so früh wie möglich in eine altersgerechte Umgebung.

Tipp: Auch wenn bis dahin noch Zeit ist, hilft vordenken, um dann schneller zu entscheiden.

Vererben oder schenken: das Testament

☐ Ich habe schon alles geregelt.
☐ Ich beschäftige mich schon damit.
☐ Ich fange sofort an, darüber nachzudenken.

Tipp: Die Gedanken an das eigene Ende mögen zwar unangenehm sein, doch sie sind wichtig, besonders für Ihre Hinterbliebenen.

Mit dieser Checkliste haben Sie Ihren ersten Schritt getan: Sie haben sich wichtige Eckpunkte Ihres Ruhestands einmal bewusst gemacht. Jetzt sind Sie eingestimmt auf eine spannende Reise zu Ihrem Ruhestand. Ich wünsche Ihnen viele gute Ideen und wertvolle Impulse für Ihre Planung!

Wie alt kann ich werden?

- ☐ Ich tue alles, damit ich so alt wie möglich werde.
- ☐ In der Bibel steht: »80 Jahre«. Das genügt!
- ☐ Ich kann sowieso nichts zur Lebensverlängerung beitragen. Meine Gene bestimmen den Todestag.

Die Lösungen für Ihren »Führerschein ins Alter« finden Sie ab Seite 113

Die Medizin macht ungeheuer große Fortschritte. Was gestern noch als unheilbar galt, ist heute eine Routineangelegenheit. Zum Beispiel die gewaltigen Veränderungen in der Herzchirurgie: Ein Bypass war vor wenigen Jahrzehnten noch mit hohem Risiko verbunden, heute legt man davon gleich mehrere und nach wenigen Wochen  Regeneration kann der Patient wieder weitgehend normal leben. Künstliche Hüftgelenke werden eingesetzt, Lungen und Herzen transplantiert, bald können alle »Teile« des Menschen ersetzt werden und somit lebt er länger und meist auch besser.

Vor 100 Jahren war ein 60-Jähriger schon alt, heute sind viele 80-Jährige noch topfit – Tendenz steigend.

Im Unterschied zu früheren Zeiten wissen wir heute um die Vorgänge des Altwerdens und wir wissen auch, wie wir unsere Lebenszeit verlängern können. Wir müssen uns nicht mehr schicksalsergeben ins Alter fügen, doch sollten wir es mit gebührendem Respekt behandeln, denn unser Körper verliert an Leistungsfähigkeit und das gilt es zu berücksichtigen. Im Internet gibt es etliche angebliche persönliche Tests zur Vorhersage des eigenen Todestages. Doch zum Glück sind wir Menschen keine Massenware, sondern hochkomplizierte Individuen, jedes mit anderen Voraussetzungen und anderer Geschichte. Vergessen Sie daher die Online-Lotterie und Anti-Aging-Tricks.

Holen Sie stattdessen aus Ihren Anlagen das Beste heraus, verbessern Sie Ihre Lebensbedingungen, indem Sie sich informieren und auch Expertenrat einholen!

Denn: Nicht mit Geld wird man älter und bleibt länger fit, sondern allein mit sicherem Wissen und Disziplin. Sorgen Sie durch entsprechendes Verhalten für Ihr eigenes Wohlbefinden und wenden Sie mögliche Gefahren rechtzeitig ab.

Was erwarte ich mir vom Alter?

☐ Ich habe Angst vor dieser Zeit, alles wird laufend schlechter.
☐ Positiv denken und handeln kann man lernen, und es hilft, länger und besser zu leben.
☐ Positiv denken ist etwas für Träumer, wer alte Menschen über ihre Erfahrung mit dem Alter fragt, hört nur Negatives.

Wer das Alter auf sich zukommen lässt, ohne sich gut vorzubereiten, läuft Gefahr, bald zu jenen zu gehören, die einsam und jammernd die alten Zeiten verherrlichen. Und glauben Sie mir: Eine Seele kann man positiv vorbereiten auf raue Zeiten,  Krisen und Krankheiten – um trotzdem ein gutes Lebensgefühl zu behalten. Es gibt in der »Positiven Psychologie« vier Basis-Elemente, die einen starken Charakter formen:

1. Weisheit

Menschen mit Lebenserfahrung können ihr Wissen klug und kreativ im Alltag einsetzen; sie sind einfallsreich, vielseitig interessiert und oftmals kaum zu bremsen in ihrer Neugierde und Kreativität.

2. Mut

Mutige Menschen lassen sich nicht durch äußere Schwierigkeiten von ihren Zielen abbringen; nur so stärken sie ihre Ausdauer und Tatkraft. Innere Zweifel oder Ausreden drängen sie zurück.

3. Menschlichkeit

Liebe und Freundschaften verbinden und geben einen starken sozialen Halt: Wer sich von Herzen für das Wohl anderer einsetzt – und sei es nur mit Kleinigkeiten – trägt nachweislich zum eigenen Glück bei, sogar wenn er nichts Positives zurückbekommt.

Wer sich hingegen für andere aufreibt oder sich übermäßig engagiert, macht sich nie und nimmer glücklich.

4. Transzendenz

Ein Wort mit vielen Bedeutungen: Das Gute und Schöne finden, das oft im Verborgenen blüht. Echter Humor statt aufgesetzter Witze, sich am Hier und Jetzt erfreuen können in der festen Überzeugung, dass man sich dabei selbst mit Glück beschenkt.

Glauben Sie fest daran: Glück ist beeinflussbar. Und das Gute ist: Sie können den Hebel jederzeit und ganz von selbst umlegen. Nur: SIE müssen es wollen und trainieren. Es wirkt!

Mein Rat an Sie:

- Beschäftigen Sie sich frühzeitig und sehr bewusst mit Ihrem Älterwerden.
- Sprechen Sie mit anderen Menschen, etwa ihrem Partner oder Freunden über das Thema
- Erkennen Sie altersbedingte Veränderungen an sich und nehmen Sie sie bewusst und positiv an.

Welchen Sinn gebe ich meinem Leben?

☐ Ich setze mir klare Ziele und bin immer auf der Suche nach Neuem.
☐ Über 40 Jahre im knallharten Berufsleben genügen, ich ruhe mich bald nur noch aus.
☐ Ich kann mir nicht vorstellen, dass ich noch Neues brauche, ich lebe in meinen tollen Erinnerungen.

Im Berufsleben haben Sie wirklich viel getan und erlebt. Sie waren Zeit Ihres Lebens durch Schule, Beruf und Familie fremdgesteuert. Nun kommt die Zeit, in der Sie nicht mehr abhängig sind. Nutzen Sie sie, um ihre Stärken zu finden. Im Idealfall beginnen Sie damit sofort, denn Sie werden einige Zeit brauchen, um Wege zu finden, wie Sie Ihre Stärken auch sinnvoll und für Sie gewinnbringend einsetzen können.

Aus Erfahrung kann ich sagen, dass der 60. Geburtstag den Blick auf das eigene Leben und die Zukunft gewaltig verändert. Auch wenn Sie solche Dinge zum 50. weit von sich gewiesen haben: Ab 60 spüren Sie bewusster als je zuvor, was Ihnen guttut und Sie machen sich Gedanken, was Sie noch erreichen möchten.

Wussten Sie, dass die Fertigkeiten und Fähigkeiten, die Sie viele Jahre eingeübt haben, zum Beispiel im Beruf, bis ins höchste Alter abrufbar bleiben? Machen Sie was draus, denn: Sie profitieren vom Privileg des »freieren«, älteren Menschen, Sie müssen es nicht mehr allen recht machen. Und Sie können es sich erlauben, Ihre Ziele und Bedürfnisse in den Vordergrund zu stellen.

»Was ich immer schon machen wollte« – dieser Satz wird Ihnen bald häufiger in den Sinn kommen. Und das ist gut so! Lassen Sie Neues zu, probieren Sie aus, was Sie interessiert.

Aber: Denken Sie über Ihre Pläne nach, setzen Sie sich realistische Ziele und definieren Sie Zeiträume, in denen Sie sie erreichen möchten.

Lassen Sie sich nicht von Störfällen wie Krankheit oder Krisen abbringen. Sie werden sehen, es lohnt sich, denn die zufriedensten Menschen sind jene, die bis zu ihrem Tod aktiv sind und ein Ziel vor Augen haben, das zu ihnen passt. Die Möglichkeiten sind so vielfältig: Egal, ob Sie Ihr Berufswissen weitergeben, sich endlich intensiv ihrem Hobby widmen oder ob Sie zu ganz neuen Ufern aufbrechen: Sich im Alter zu engagieren und zu strukturieren, wird Ihnen helfen, fit zu bleiben – sowohl körperlich, als auch im Kopf.

Und wenn es Ihnen gut geht, werden Sie das auch ausstrahlen.

Wussten Sie, dass viele bedeutende Leistungen in Kunst und Wissenschaft von Menschen weit jenseits der 65 geschaffen wurden?

- **Alexander von Humboldt (1769–1859)** schrieb mit 74 Jahren »Asie Centrale« (3 Bände) und mit 89 »Kosmos« (5 Bände).
- **Pablo Picasso (1881–1973)** war 86 Jahre alt, als er die Gemälde »Venus et l'enfant« und »Le couple« schuf.
- **Tizian (1477–1576)** malte mit 93 den »Sündenfall« und mit biblischen 98 Jahren »Pieta« und
- **Giuseppe Verdi (1813–1901)** war 74, als er »Othello« komponierte und mit 80 schuf er noch den »Falstaff«.

Und Sie? Was möchten Sie erreichen?

Nehmen Sie sich einen Augenblick Zeit und überlegen Sie: Was sind Ihre Stärken, was interessiert Sie schon immer, was verschieben Sie dauernd auf später? Was könnten Sie schaffen:

- mit 70 Jahren: _____
  _____
- mit 80 Jahren: _____
  _____
- mit 90 Jahren: _____
  _____

Wie groß soll meine »Bühne« sein?

- ☐ In der anonymen Menge fühle ich mich am wohlsten, da kann ich mich gut verstecken.
- ☐ Ich genieße es, hie und da als Spezialist gefragt zu werden und gebe mein Wissen gern weiter.
- ☐ In einer Gruppe bin ich gern etwas dominanter, so fühle ich mich am wohlsten.

Sich zurücklehnen, passiv sein und sich gehen lassen, lässt uns auf Dauer schneller altern. Wenn unser Körper und Geist nicht regelmäßig gefordert werden, verkümmern sie. Und Antriebslosigkeit führt vielfach zu sozialer Vereinsamung und es kann daraus ein Teufelskreis entstehen, dem man nur schwer aus eigener Kraft wieder entkommt.

Der Mensch lebt von jeher in Gruppen, in denen jeder Einzelne eine Aufgabe hat. Wir haben heute im Gegensatz zu unseren Vorfahren die komfortable Situation, dass wir uns unsere Aufgabe auch selbst suchen können. Die Freiheit des Ruhestands ermöglicht es Ihnen, zwei, drei Aufgaben oder Tätigkeiten auszuwählen, die Ihnen liegen, in denen Sie Bestätigung finden und die Ihrem Leben Sinn verleihen.

Warum nicht dem lang gepflegten Hobby nachgehen und eine neue Berufung daraus werden lassen? Ganz ohne Zwänge. Und Sie werden sehen: Die Menschen in Ihrer Umgebung werden das besonders erkennen, Sie gern integrieren und bald auch brauchen. Denn wer etwas weiß, der wird auch gefragt.

Wenn Sie jetzt nachdenken, was Ihre Berufung in der dritten Lebenshälfte sein wird, dann beherzigen Sie Folgendes: Suchen Sie nach etwas,

- das Sie wirklich fordert – körperlich und/oder geistig,
- das Sie mit Freude und Befriedigung erfüllt und
- das auf Dauer machbar ist.

Etwa: Den Pilgerweg in Etappen gehen oder das Internet kennen lernen oder alle deutschen Flüsse mit dem Fahrrad abfahren oder ein Buch über Ihr Leben schreiben. Vielleicht planen Sie auch etwas zu mehreren? Hier ist Platz für erste Ideen:

_____

_____

_____

_____

Versprechen Sie sich, dass Sie dranbleiben, weiter nachdenken und planen.

Zusätzlich zu diesen selbst kreierten neuen Aufgaben gibt es eine Fülle an Möglichkeiten, freiwillig ein öffentliches Amt auszuüben. Zwar erhalten Sie dafür normalerweise kein Entgelt, eventuell Spesen, doch der »Lohn«, den Sie für Ihren Einsatz bekommen, ist vielfältiger als es Geld je sein könnte:

- Eine sinnvolle Aufgabe ergibt ein positiveres Lebensgefühl.
- Für andere Menschen da zu sein, ist eine christliche und erfüllende Aufgabe.
- Sich engagieren ist ein gutes Mittel gegen die im Alter drohende Einsamkeit, denn Sie bleiben mit vielen Menschen in Kontakt.
- Soziale Akzeptanz ersetzt das »Gebrauchtsein«, das Sie aus dem vorausgegangenen Berufsleben kennen.

In Europa engagieren sich bereits mehr als hundert Millionen Menschen für die Gemeinschaft, die Wissenschaft, die Gesundheit, die Politik, die Familie, die Kultur, die Umwelt, den Sport, die Zukunft. Da wird doch auch etwas für Sie dabei sein!

Die Angebote fliegen einem nicht zu, Sie müssen sie sich selbst nach Eignung und Neigung suchen. Das einzige Problem ist die Vielfalt, aus der Sie auswählen können. Achten Sie auch hier darauf, dass Sie nicht zu viel tun und Sie einen echten wohltuenden Ausgleich zwischen körperlichen Fähigkeiten und geistiger Forderung finden.

Sie können beispielsweise Ihre Berufserfahrungen einbringen und schon vor der Pensionierung in Ihrem Betrieb nach Möglichkeiten suchen, wie Sie Ihr Wissen weitergeben können. Eine kleine Auswahl aus Tausenden von Möglichkeiten:

- Hilfe bei Rettungsunternehmen (Feuerwehr, Rotes Kreuz ...)
- im Bildungswesen (Nachhilfe, Betreuung, Patenschaften ...)
- Entwicklungshilfe (Spenden oder Gaben sammeln bis hin zum eigenen Projekt)
- Mitarbeit in kirchlichen Organisationen (Vorbereitung und Begleitung von Veranstaltungen ...)
- Ehrenamtlich als Schöffe, Wahlhelfer, Gemeinderat oder sonst wo in der Politik
- aktive Mitarbeit z. B. als Amtsträger in Vereinen aller Art (und plötzlich sagen alle »Frau Cheftrainerin« oder »Herr Präsident«)
- Referent oder Vertreter in Ihrem Berufsverband, Beratung von Jüngeren
- Tierbetreuung (ersetzt den eigenen Hund oder die Katze)

Natürlich gibt es auch die Möglichkeit, die eigene Rente mit bezahlten Jobs aufzubessern. Sie müssen dann allerdings wie im Berufsleben vertraglich regeln, was Sie tun werden – und gehen dabei das Risiko ein, dass Tätigkeiten dabei sind, die Ihnen weniger Spaß machen oder die Sie sogar überfordern. Und Sie werden dafür Steuern und Sozialabgaben zahlen müssen und evtl. eine Minderung Ihrer Rente in Kauf nehmen. Informieren Sie sich und kalkulieren Sie vorher genau, was auf Sie zukommt!

Schließlich gibt es noch die Menschen, die sich spezialisiert haben, sehr beliebt und beinahe unersetzlich für ihr Umfeld geworden sind. Meine persönliche Bestenliste aus langjährigem Beobachten:

- Anna geht liebend gern mit den Hunden aus der Nachbarschaft spazieren.
- Giovanni repariert alle Uhrentypen und wechselt Batterien.
- Urs kennt alle Computertricks.
- Milena ist Spezialistin in Steuerfragen für Senioren.
- Peter weiß alles übers Internet.
- Jolanda ist dreisprachig und dolmetscht gerne.

Wohlgemerkt: Alle arbeiten freiwillig und ohne Lohn; selbstgemachte Marmelade oder eine Flasche Wein ausgenommen.

Tipp: Machen Sie sich so früh wie möglich einen Plan, WAS Sie tun werden, terminieren Sie ihn und halten Sie ihn ein.

Meine Aktivitäten vor der Pensionierung für die Zeit danach:

_____

_____

Aktivitäten, die ich erst nach der Pensionierung angehen werde:

_____

_____

Und wenn Sie sich trauen, schreiben Sie doch ein Buch über Ihr Leben, stellen es ins Internet, und Sie werden sich wundern, was schon beim Schreiben, aber auch danach alles passiert. Da aller Anfang schwer ist, hier ein möglicher Anfang: »Das Erste aus meiner Kindheit, woran ich mich erinnere, ist …«

Weitere Informationen unter: www.freiwilligenarbeit.de

Der Körper

Ist gutes Aussehen im Alter wichtig?

☐ Nein, denn Falten und sonstige unschöne »Ansichten« sind jetzt ganz normal.
☐ Nur für Anti-Aging-Fans, die sich mit Bodybuilding und Diäten quälen.
☐ Ja, wer gut aussieht, fühlt sich wohler und ist selbstbewusster.

Jünger auszusehen ist für viele Menschen wichtig. Manchen ist das geschenkt, andere treiben viel Aufwand dafür. Und tatsächlich geht junges Aussehen heute auch mit gesellschaftlicher Anerkennung einher. Die Alten von heute fühlen sich nicht alt und sie sehen auch nicht so aus. Vorbei die Zeiten, in denen die 70-Jährigen mit lilafarbenen Haaren oder Kittelschürzen zu sehen waren. Heute heißen sie »Best Ager«, kleiden sich wie 40-Jährige und was das Beste ist: Sie strahlen diese Vitalität auch aus! Die neuen Alten sind selbstbewusst, wirken jung geblieben, viele sind körperlich und geistig überaus fit und man hat den Eindruck, als könnten Sie die dritte Lebenshälfte in vollen Zügen genießen. Und es gibt viele Möglichkeiten, sein junges Aussehen zu bewahren. »Ewige Jugend« wird wohl ein Traum

bleiben, aber den Alterungsprozess weiter hinauszuschieben, ist ein realistisches Vorhaben. Und wenn Sie bedenken, dass unsere durchschnittliche Lebenserwartung in den letzten 100 Jahren um rund 20 Jahre gestiegen ist, dann sollte schon das Grund genug sein, frühzeitig und regelmäßig alles dafür zu tun, dass wir uns auch jenseits der 60 noch attraktiv fühlen und nicht unentwegt von Zipperlein geplagt werden. Und es ist eigentlich ganz einfach. Was Sie brauchen, ist eine Portion Disziplin, kombiniert mit Wissen.

Im Wesentlichen geht es um folgende vier Punkte, die Sie beachten sollten:

- **Die richtige Ernährung:** Jeder Mensch reagiert anders. Wissen Sie, wo Sie auf Sie persönlich abgestimmte Ernährungstipps erhalten? Befolgen Sie sie konsequent?
- **Viel Bewegung:** Bewegung ist der Schlüssel zu geistiger und körperlicher Fitness. Achten Sie auf die richtige Bewegung in der für Sie passenden Dosis. Ihr Hausarzt berät Sie.
- **Kein Rauchen, wenig Alkohol:** Wir alle kennen die gesundheitlichen Folgen von Nikotin- und Alkoholkonsum. Und wir alle wissen: Aufhören ist das Einzige, was hilft. Auch noch in höherem Alter.
- **Kein Stress im Leben:** Dem Alter angepasste Aktivitäten sind wichtig und fördernd, Dauereinsatz als Enkelbetreuung oder als günstige Vollzeitaushilfskraft sind hier jedoch nicht gemeint. Sagen Sie nein, wenn Sie sich überfordert fühlen.

Schaden ein paar Pfunde zu viel?

☐ Ein »Rettungsring« schadet meiner Gesundheit.
☐ Etwas mehr um die Hüften macht sexy und hilft, Krankheiten abzuwehren.
☐ Wer ein bisschen korpulent ist, lebt gemütlicher und hat mehr vom Leben.

Es ist ja schon fast eine Binsenweisheit: Überflüssige Kilos sind für die Lebenserwartung Gift: Wir legen dank fettreicher Nahrung, Alkohol und Zucker jedes Jahr etwa ein Kilo zu, zwischen 30 und 60 Jahren kann das also bis zu 30 Kilo ausmachen! Zu wenig Bewegung führt zu Muskelschwund, und weil der Körper ausschließlich in den Muskeln Energie verbrennt, ist der Aufbau von Fettzellen so programmiert. Und leider steigt die Tendenz mit zunehmendem Alter, zumal der ältere Körper auch noch von Haus aus einen geringeren Grundumsatz hat, also weniger Energie verbraucht.

Wer seinen Bauch also lächelnd vor sich herträgt, lacht aller Voraussicht nach ein paar Jahre weniger. Wohlbemerkt: Es geht gar nicht darum, eine Modelfigur zu haben, ein bisschen Polster darf schon sein. Nur ist es hier wie überall: Auf das rechte Maß kommt es an. Auch wenn früher das »Hüftgold« mit Wohlstand gleichgesetzt wurde, wissen wir doch heute, dass Übergewicht gesundheitliche Risiken birgt.

Wenn Sie zu jenen gehören, die ihren überschüssigen Pfunden den Kampf ansagen möchten, dann sollten Sie auch das als ein »Projekt« ansehen – eines, das gut geplant und mit realistischen Zielen versehen sein will. Der erste Schritt ist der Gang zum Arzt, der an Ihren Blutwerten das Risiko für Herz- und Kreislauferkrankungen erkennt und der mit Ihnen einen Diät- und Bewegungsplan entwickeln kann.

Aus eigener Erfahrung kann ich Ihnen sagen, dass auch kleine Veränderungen im Alltag eine große Wirkung haben können: Treppen statt Aufzug, zu Fuß gehen statt das Auto zu nehmen, ein Stück Schokolade bewusst genießen statt die halbe Tafel nebenbei verdrücken. Wichtig ist vor allem Ihre Wahrnehmung, die Sie dabei verändern.

Eine gute Möglichkeit, die eigenen Fortschritte zu sehen, ist der Body-Mass-Index (BMI), den Sie regelmäßig folgendermaßen errechnen können:

$$BMI = \frac{(\text{Gewicht in Kilogramm}) \times 1{,}3}{(\text{Körpergröße in Metern})^{2{,}5}}$$

<18,5	Untergewicht
18,5 – 24,9	Normalgewicht
25,0 – 29,9	leichtes bis mittleres Übergewicht
30,0 – 39,9	schweres Übergewicht
>40,0	stark gefährdendes Übergewicht

Der BMI ist eine einfache Möglichkeit, um zu sehen, in welchem Gewichtsbereich Sie sich befinden. Wo Ihr Idealgewicht liegt, hängt von verschiedenen Faktoren ab. Fragen Sie dazu besser Ihren Arzt.

Die günstigste Art, sein Körpergewicht in Grenzen zu halten, ist dieser, von der WHO empfohlene Mini-Fasten-Plan, der zu Beginn ein bisschen Disziplin erfordert, Sie aber bald mit positivem Lebensgefühl ohne Jo-Jo-Effekt belohnt:

Drei ausgewogene Mahlzeiten am Tag, jeweils im Abstand von mindestens vier Stunden, dazwischen nichts als Wasser (das reichlich und am besten ohne Kohlensäure) oder ungesüßten Tee.

Keine Zwischenmahlzeiten, keine Naschereien.

Probieren Sie es aus. Nach ein paar Wochen werden Sie sich daran gewöhnt haben und sich über mehr Platz in Ihren Hosen freuen.

Ein Wort zur altersgerechten Ernährung

Auch wenn Sie einiges über gesunde Ernährung wissen, finden Sie hier kompakt die wichtigsten Informationen:
Essen Sie bewusst und kontrolliert! Verzichten Sie auf »dumme« Kalorien wie sie z. B. in Chips, Coca-Cola, Nutella oder Hamburgern enthalten sind. Und beachten Sie bei der Ernährung immer folgende Ratschläge:

- Essen Sie täglich mehrmals frisches Obst und Gemüse.
- Bereiten Sie es schonend zu, das heißt fettarm, dünsten oder blanchieren.
- Wenn schon Fett, dann verwenden Sie lieber pflanzliches als tierisches.
- Geben Sie eiweißhaltiger Kost den Vorzug: mageres, möglichst weißes Fleisch, Fisch, fettreduzierte Milchprodukte und Käse.
- Erhalten Sie die Vitamine und Nährstoffe durch kurze Garzeiten (Nicht wie Oma alles zu Tode kochen!).
- Trainieren Sie, von Tag zu Tag immer kleiner werdende Portionen zu essen. Sie werden sehen, Ihr Magen gewöhnt sich daran.
- Achten Sie auf versteckte Problemnahrungsmittel wie Salz, Zucker, Fett, Weißmehlprodukte (Pizza, Pasta, Kuchen …).
- Wenn Alkohol, dann kontrolliert und in Maßen, sonst stockt Ihnen auf der Waage schnell das Lächeln.

Zunehmen ist kein Privileg des Älterwerdens, sondern es ist höchst gefährlich! Wenn die Organe immer weniger arbeiten können, erzeugen Sie durch zu reichliche oder falsche Ernährung viel Stress, der zu Krankheiten führen kann, die Sie kaum dem Essen zuordnen würden. Beispiele:

- Zu fettes Essen führt zu Kreislauf-, Leber- und Herzproblemen.
- Zu viel essen führt zu Gewichtsproblemen, was in der Folge oft kaputte Knie, schlechte Verdauung oder Herzinfarkt bedeutet.
- Zu wenig Bewegung bedeutet, dass alle Organe zu wenig arbeiten, ein »Lottospiel« beginnt um die Frage, welches Organ als Erstes versagen wird.

Doch Achtung! Auch das Gegenteil ist gefährlich: Wenn Sie **zu wenig essen und trinken**, schaden Sie auch Ihren Organen. Der Spieß kann sich im Alter umdrehen.

Ernährungs-Hitparade für Senioren:

besser nicht: Zucker, Salz, Kuchen, Speck, Kartoffeln, Hamburger, Limonade, Alkoholisches, Innereien, Schokolade, Pizza

wenig: rotes Fleisch, Kekse, Spaghetti, Vollkornbrot, Reis, Teigwaren

okay: weißes Fleisch, Eier, Käse, Milch, Fisch, Milchprodukte, Hülsenfrüchte, Nüsse

gut: frische Früchte, Beeren, Salate, Gemüse mit wenig Raps- oder Olivenöl

trinken: Wasser, Tee ohne Zucker, Wasser, H_2O, Wasser

Und jetzt ein kleiner Test: Decken Sie den Kasten auf der vorherigen Seite mit der Hand zu und ordnen Sie die angegebenen Lebensmittel richtig ein!

Milch	Reis	Salate	Fisch
Speck	Beeren	Innereien	Gemüse
Eier	Pizza	Nüsse	Spaghetti

Besser nicht: _____

_____

wenig: _____

_____

okay: _____

_____

gut: _____

_____

So, und jetzt können Sie vergleichen und nachsehen, ob Sie schon ein Ernährungsprofi sind.

Macht Bewegung im Alter Sinn?

☐ Im Alter darf ich mich ausruhen und nur das tun, was mir gerade so passt.
☐ Bewegung ist etwas für Spinner und Leute mit Jugendwahn!
☐ Wer sich sinnvoll bewegt, fühlt sich wohler und sicherer.

Über Jahrmillionen ist der Mensch auf der Suche nach Nahrung gelaufen und gelaufen – viele Stunden am Tag. Unser Körper hat sich genetisch darauf eingestellt und braucht zwingend für all seine Organe Bewegung. Fehlt sie ihm, kommt es  zu individuellen Problemen, vor allem im Alter, wenn die Reserven langsam aufgebraucht sind. Es ist absolut unnatürlich und sogar gefährlich, stundenlang vor dem Fernseher zu sitzen oder zehn Stunden am Stück zu schlafen.

Bewegung stärkt unsere Organe, baut Muskeln auf und hält unseren Körper beweglich und fit. Möglichkeiten sind Fahrradfahren, Schwimmen, Reiten, Hantel-Training, auch zügiges Spazierengehen etc. Und: Bewegung wirkt sich positiv auf unser Wohlbefinden aus.

Angemessene Aktivität stärkt zum Beispiel die Durchblutung (auch des Gehirns!), reduziert das Körperfett, regt den Stoffwechsel an, baut Stress ab, gibt uns ein gutes Gefühl, stärkt Herz, Kreislauf und Immunsystem und steigert die Attraktivität.

Wichtig dabei ist, dass es sich um eine aktive, bewusste Bewegung handelt. Idealerweise nehmen Sie sich täglich ein paar sinnvolle Übungen vor.

Als Pensionär sind Sie in der komfortablen Lage, sich die Zeit dafür nehmen zu können. Wenn Sie bisher nicht gerade zu den Sportskanonen gezählt haben, dann sollten Sie sich vorher das Okay Ihres Arztes einholen, um sicher zu wissen, dass Sie das Richtige tun.

Bewegen Sie sich regelmäßig, bewusst und mit Freude!

Bewegung ist ein Teil von Aktivität: Mit Sport stärken wir unsere Gesundheit. Mit geistiger Aktivität, zum Beispiel lernen, stärken wir Funktionen unseres Gehirns.

Was genau für Sie das richtige Programm ist, sollten Sie herausfinden, um sich selbst optimal zu fördern. Und bedenken Sie auch, dass sich dieser individuelle Mix im Lauf Ihres Alterns ändern kann.

Wie viel Bewegung ist gut für mich?

- ☐ Es genügt, zu Fuß zum Einkaufen zu gehen.
- ☐ Pro Woche 1¼ Stunden intensiv oder 2½ Stunden leichten Sport treiben!
- ☐ Täglich eine halbe Stunde bewegen!

Noch vor 100 Jahren lag die Lebenserwartung bei 70 Jahren, im Mittelalter bei 50 und vor Urzeiten bei 30 Jahren. Heute wird der Mensch immer älter (weit über 80, Tendenz steigend), der Körper ist genetisch aber für weit weniger Lebensjahre ausgelegt. Sie sollten ihn daher in der geschenkten dritten Lebenshälfte schonend und wissend behandeln: Zu viel ist ungesund und kontraproduktiv, zu wenig gefährlich. Die goldene Mitte liegt bei jedem Menschen woanders, Sie sollten Ihre mit der Unterstützung von Fachleuten und Ihrer eigenen Erfahrung austesten. Auch wenn Sie früher einmal einfach so losgespurtet sind. Je mehr man in die Jahre kommt, desto wichtiger ist altersgemäßes Training.

Lassen Sie sich beraten und befolgen Sie individuell auf Sie abgestimmte Trainingsprogramme. Sie werden sehen: Nach ein paar Wochen stellen sich erste Erfolge ein. Als Faustregel wird heute empfohlen, sich im Alter wöchentlich 1¼ Stunden intensiv zu bewegen, egal in welchen Intervallen, z. B. beim Joggen, Rudern, Walken, Radfahren oder auf dem Heimtrainer. Kontrollieren Sie dabei Ihre Herzfrequenz, um sich nicht zu überfordern. Alternativ gehen auch 2½ Stunden leichtere Bewegung – ohne Herzklopfen, aber mit erhöhter Atemfrequenz.

Sport und Bewegung halten Sie nicht nur fit, sie sind auch wichtig für Ihre körperliche und seelische Gesundheit. Mittlerweile weiß man, dass Depressionen und psychische Erkrankungen ebenso seltener bei aktiven Menschen auftreten wie zum Beispiel Diabetes Mellitus.

Mit regelmäßiger körperlicher Aktivität trainieren Sie Ihre Muskeln, Sie schulen aber auch Koordination und Reaktionsvermögen. Und wenn Sie sich Gleichgesinnte suchen, mit denen Sie Sport treiben, tun Sie noch dazu etwas für Ihre sozialen Kontakte und gegen Einsamkeit.

Bleiben Sie am Ball und Sie werden sehen, wie schnell Sie sich an Ihre körperliche Betätigung gewöhnen. Wichtig ist die Regelmäßigkeit. Bauen Sie vor, der Mensch ist bis ins hohe Alter trainierbar!

Und noch ein Rat: Übernehmen Sie sich nicht und nehmen Sie die Signale Ihres Körpers ernst! Tragen Sie beim Sport immer ein Handy mit aufgeladenem Akku mit sich, um notfalls Hilfe herbeirufen zu können.

Medizinisches

Was bringen Vorsorgeuntersuchungen?

- ☐ Vorsorgeuntersuchungen sind Erfindungen von Ärzten, die nicht genug zu tun haben.
- ☐ Vorsorgeuntersuchungen bringen nur etwas, wenn man seine Gene kennt.
- ☐ Durch Vorsorgeuntersuchungen können Krankheiten frühzeitig erkannt und behandelt werden.

»Zum Arzt geht man nur, wenn man sich krank fühlt.« Stimmt. Doch Ärzte können viel mehr als Kranke behandeln: Sie können anhand von Routine-Blutproben vorbeugende Maßnahmen vorschlagen. Oft kann schon ein einfacher Wert eine potenzielle Krankheit oder Gefährdung aufzeigen.

Früherkennung ist der eigentliche Fortschritt in der Medizin und jeder von uns sollte das nutzen. Viele Krankenkassen spielen mit und übernehmen die Kosten für Vorsorgeuntersuchungen.

Spätestens ab einem Alter von 50 Jahren sollten Sie schon regelmäßig zum Arzt gehen und die jährlichen Vorsorgeuntersuchungen machen lassen. Das mag manchmal etwas unangenehm sein, aber sie erhalten dafür Gewissheit darüber, wie es um Ihren Körper steht. Viele Krankheiten lassen sich in einem frühen Stadium wirkungsvoll behandeln, ohne dass größere gesundheitliche Folgen zu befürchten sind. Oft reichen Medikamente oder eine Umstellung der Lebensgewohnheiten. Die Paradebeispiele sind: Bluthochdruck, Thrombose, Diabetes und viele Krebsarten können bei frühzeitiger Erkennung erfolgreich behandelt werden.

Wer es ganz genau wissen will, kann sich einem Gentest unterziehen, der allerdings kostspielig ist. Viele Krankheiten, die bereits in der Familie, bei Eltern und Großeltern aufgetreten sind, können auch in den nachfolgenden Generationen ausbrechen.

Ein Gentest kann Ihnen hier Klarheit verschaffen, damit frühzeitig Maßnahmen ergriffen werden können. Auch hier lassen Sie sich am besten von Ihrem Hausarzt beraten.

Egal, für welche Vorsorgemöglichkeiten Sie sich entscheiden, Sie sind immer besser beraten als jene, die nach Vogel-Strauß-Manier den Kopf in den Sand stecken und hoffen, dass es sie schon nicht treffen wird.

Das kann klappen, die meisten bedauern aber irgendwann, dass sie die Möglichkeiten nicht genutzt haben.

Schwarze Lunge dank blauem Dunst

»Opa ist 80 Jahre alt geworden, obwohl er seit seiner Jugend geraucht hat!« Das mag sein, aber es bedeutet nicht, dass es jedem so ergeht. Rauchen ist eine Sucht und es ist nicht einfach, das Rauchen aufzugeben. **Falls Sie Raucher sind: Lassen Sie es sein, möglichst ab sofort.**

Fakt ist: Raucher leben durchschnittlich 15 Jahre kürzer als Nichtraucher und in ihren letzten Jahre kämpfen viele mit Folgekrankheiten. Auch wer nur wenig oder unregelmäßig raucht, läuft Gefahr, dass Gesundheit und langes Leben in blauem Dunst aufsteigen.

Wie hoch ist das Risiko, an Krebs zu erkranken?

- ☐ Allein die Gene entscheiden, ob man ihn bekommt oder nicht; man kann leben, wie man will.
- ☐ Wer sich gesund ernährt und einen gesunden Lebensstil hat, erhöht seine Chance, nicht daran zu erkranken.
- ☐ Krebs ist kaum heilbar, darum gehe ich gar nicht erst zur Vorsorge.

Die Zivilisationskrankheit Krebs ist diejenige mit dem höchsten Angstfaktor, weil sich vermeintlich gesunde Menschen plötzlich dem Tod gegenübersehen. Je nach Krebsart liegt die Heilungschance aber bei bis zu 100 Prozent – konsequente Vorsorge und rechtzeitiges Erkennen vorausgesetzt.

Es stimmt, dass viele Krebserkrankungen noch lange Zeit nicht heilbar sein werden, auch wenn in den Medien immer wieder von Wundermitteln die Rede ist. Aber die Diagnose in einer frühen Krankheitsphase kann einen entscheidenden Vorsprung bedeuten:

Man kann es nicht oft genug raten: Beobachten Sie Ihren Körper aufmerksam, und gehen Sie unbedingt regelmäßig zu den Vorsorgeuntersuchungen.

Mittlerweile weiß man, dass eine gesunde Lebensweise die Gefahr, an Krebs zu erkranken, verringern kann. Schon die Ernährung ist ein wichtiger Faktor: Wenig Fleisch, dafür umso mehr Salat und Obst, fettarme Speisen, viel Gemüse (möglichst frisch) sowie Hülsenfrüchte.

Wenn Sie das bisher nicht beherzigt haben, ist es jetzt Zeit für eine Umstellung. Und natürlich zahlt es sich auch mit Blick auf Krebserkrankungen aus, nicht zu rauchen (Falls Sie es doch tun: Sehen Sie sich die Warnungen auf den Zigarettenschachteln ruhig intensiver an!), wenig Alkohol zu konsumieren und sich regelmäßig zu bewegen. Wenn Sie unsicher sind, hilft Ihnen der Besuch bei einer Ernährungsberatung.

Ob Sie Krebs bekommen oder nicht, wird Ihnen niemand mit Gewissheit sagen können. Was wir heute aber wissen, ist, dass die Medizin mittlerweile gute Therapien gegen Haut-, Dickdarm-, Gebärmutterhals- und Prostatakrebs hat. Im Fall einer Früherkennung bestehen gute Heilungschancen.

Wenn Sie jetzt noch immer mit dem Gedanken spielen, weiterhin nicht oder erst in ein paar Jahren mit regelmäßiger Vorsorge zu beginnen, dann denken Sie nicht nur an sich, sondern bitte auch an Ihre Familie und Ihre vertraute Umgebung. Denn eine Erkrankung zieht alle Menschen in Ihrem Umfeld stark in Mitleidenschaft.

Der Krebs »zwickt« nicht nur Sie mit seinen Scheren, er tut auch allen rund um Sie richtig weh.

Wie viel Sonne braucht der Mensch?

☐ Möglichst täglich eine halbe Stunde im Freien aufhalten.
☐ So viel wie nötig, um schön braun zu werden.
☐ Was man zufällig abbekommt, genügt.

Das ist so eine Sache mit der Sonne: Zum einen ist sie verdammt gefährlich, zum anderen brauchen wir sie zwingend zum Leben. Hellhäutige Menschen vertragen weniger, dunkelhäutige mehr und es ist wie überall im Leben: Die richtige Dosis macht's!

Was für Sie die richtige Menge an Sonneneinstrahlung ist, müssen Sie allerdings selbst herausfinden. Sicher ist: Wenn Sie Sonnenbrand bekommen, haben Sie es weit übertrieben. Das ist wie ein ernstzunehmendes Ausrufezeichen der Natur, das besagt: »Das war jetzt zu viel!« Unsere Haut vergisst nichts und sie wehrt sich im besten Fall mit Falten und Lederoptik, im schlimmsten mit Hautkrebs. Als Faustregel gilt: Versuchen Sie täglich, mindestens aber dreimal pro Woche für 30 Minuten an der Sonne zu sein, um Ihrem Körper die Möglichkeit zu geben, das wichtige Vitamin D zu produzieren, die Produktion von Abwehrstoffen anzuregen und einen entscheidenden Beitrag für Ihre gute Laune zu leisten. Licht hellt uns nämlich auch innerlich auf.

Was passiert, wenn man mit Licht geizt, können Sie an Stubenhockern, Dauerfernsehguckern und Power-Kaufhausbesuchern sehen.

Mangel an Sonnenlicht führt relativ rasch zu einer höheren Anfälligkeit für Infekte, z. B. Erkältungskrankheiten, und mitunter auch zu Rheuma und Krebs. Und es ist hier wie anderswo: Es kommt darauf an, dass Sie regelmäßig in die Sonne gehen. Es ist ein Irrglaube, dass eine Woche Höhensonne für den ganzen Winter ausreicht, denn Ihr Körper kann nur wenige Vitamine für längere Zeit speichern.

Wenn sich die Sonne lange Zeit gar nicht zeigen mag, dann helfen entsprechende Geräte zur Überbrückung.

Dabei reicht es, wenn nur Teile Ihrer Haut, zum Beispiel Kopf, Hals und Unterarme, Sonnenstrahlen abbekommen.

Tun Sie sich also etwas Gutes und gönnen Sie sich täglich die wärmenden Sonnenstrahlen – natürlich nicht ohne ausreichenden Sonnenschutz! Ihr Körper und Ihre Psyche werden es Ihnen danken.

Wie ist das mit dem Sauerstoff?

- ☐ Atmen geschieht automatisch – da muss ich mich nicht kümmern.
- ☐ Wer selten gähnt, hat genug Sauerstoff.
- ☐ Tiefatmung versorgt alle Organe besser.

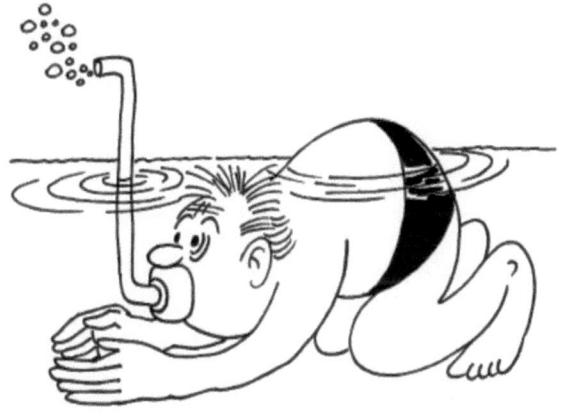

Irgendwann zu Beginn der Schulzeit gewöhnen wir uns die natürliche Bauchatmung, auch Tiefatmung genannt, ab. Mitverantwortlich ist sicher das stundenlange Sitzen in möglichst gerader Haltung. Im Büro, in der Bahn und im Bus sitzen wir so, dass wir uns unbewusst das Wichtigste beim Atmen abklemmen: die Sauerstoffzufuhr, denn 40 Prozent dieses dringend benötigten Stoffes können bei eingeschränkter Atmung nicht aufgenommen werden.

Wir brauchen den Sauerstoff aber für alle wichtigen Vorgänge im Körper: Denken, Stoffwechsel, Bewegung. Zunächst werden lebenswichtigen Organe versorgt, Herz und Gehirn erhalten einen erheblichen Teil, und dann steht der Rest für alle weiteren Vorgänge im Körper zur Verfügung.

Sie haben es sicher vielfach getan: an die frische Luft gehen, um einen klaren Kopf zu bekommen. Sauerstoff gibt uns Energie – bis in die kleinste Zelle. Eine einfache Atemtechnik hilft Ihnen, mehr davon abzubekommen – Atemzug für Atemzug.

Setzen Sie sich bequem und mit ausgestreckten Beinen in einen Sessel und lassen Sie beim Atmen die Luft tief in die Lungen einströmen.

Achten Sie darauf, dass sich Ihre Bauchdecke dabei anhebt. Üblicherweise atmen wir »in den Brustkorb«, was unser Volumen begrenzt.

Wichtig ist, dass Sie so oft wie möglich bewusst und konzentriert in den Bauch atmen, denn erst wenn Sie das über viele Wochen und regelmäßig gemacht haben, werden Sie »automatisch« tiefatmen. Sie müssen Ihre Atmung nämlich regelrecht umprogrammieren, um dauerhaft von einer besseren Sauerstoffversorgung zu profitieren.

Und glauben Sie mir: Es lohnt sich, denn bei einer optimalen Versorgung des Körpers mit Sauerstoff leben Sie intensiver, leichter, hoffentlich länger und in jedem Fall mit mehr Kraft zur Regeneration.

Beim Einschlafen schaltet unser Körper übrigens automatisch auf die natürliche Tiefatmung um – hierin liegt auch das Geheimnis der regenerierenden Siesta.

Schadet mir Alkohol?

- ☐ Ein Gläschen in Ehren kann niemand verwehren.
- ☐ Alkohol ist ein gutes Mittel, Langeweile zu überbrücken.
- ☐ Wer regelmäßig viel trinkt, lebt intensiver.

Das Überraschende vorweg: Alkohol kann bei gesunden Menschen das Leben verlängern. Forscher sind sich tatsächlich einig, dass je ein Standard-Drink (= 2dl Wein, für Frauen nur die Hälfte!) zum Mittag- und  Abendessen für Körper und Geist von positiver Wirkung ist. Die Durchblutung verbessert sich, der Effekt auf die Verdauung ist positiv und – nebenbei bemerkt – Alkohol kann auch eine positive soziale Wirkung haben. Gemeinsam bei einem guten Glas Wein zu sitzen, das Miteinander zu genießen und ein gutes Gespräch zu führen, hat positive Effekte und hebt die Lebensfreude. In Maßen, wie gesagt.

Als Faustregel kann man sagen, dass zwei Glas Rotwein pro Tag okay sind. Ob das auf Sie auch zutrifft, kann Ihr Arzt am besten beantworten. Wenn Sie im Alter mehr Alkohol zu sich nehmen, laufen Sie Gefahr, davon krank zu werden. Ihr

Körper baut den Stoff mit zunehmendem Alter langsamer ab und generell ist davon auszugehen, dass sich die Gefahr von Krebserkrankungen, speziell im Hals-Rachen-Raum, der Leber und im oberen Verdauungstrakt erhöht.

Die »Wochenendtrinker« riskieren sogar mehr, weil sie dann auf einmal oft mehr trinken, als ihnen guttut. Und generell kann Alkohol zur Gefahr werden, nämlich dann, wenn er krank macht und man ohne ihn nicht mehr leben kann.

Wenn die Frauen am Likörchen nippen, vielleicht schon am Morgen, und den ganzen Tag ihren Pegel halten oder wenn die Männer trinken, bis sie nicht mehr wissen, wie viele Bierchen sie schon intus haben, ist das unbedingt ernst zu nehmen. Mag sein, dass man beim Trinken ein paar Gleichgesinnte findet, bei Nachbarn und Kollegen kommen diese »Gewohnheiten« in der Regel aber nicht gut an und oft brauchen diese Menschen Hilfe, um aus der Suchtfalle wieder zu entkommen.

Wenn Sie sich hier gefährdet sehen, dann verzichten Sie lieber auf das Gläschen Wein und holen Sie sich Hilfe von Fachleuten.

Na dann: Zum kontrollierten Wohl!

Wozu regelmäßig Blutdruck messen?

☐ Einmal pro Jahr Blutdruck messen durch den Arzt genügt.
☐ Mit steigendem Alter darf auch der Blutdruck steigen.
☐ Für alle Senioren gilt der Idealwert von 120 zu 70.

Veränderungen bei hohem Blutdruck merkt der Mensch kaum, höchstens bei indirekten Folgen. Zu niedriger Blutdruck macht aus Ihnen einen »Teil-Menschen«: Ermüdung, Kreislaufprobleme, kaum Appetit, hohe Sensibilitäten. Das kann zu depressiver Verstimmung führen.

Man geht nach den neuesten Erkenntnissen davon aus, dass für Senioren jeden Alters ein Mittelwert von 120 zu 70 in der Wachphase in Ordnung ist. Die Schwelle zum Bluthochdruck beginnt bei einem Wert von 160 zu 90. Erste Symptome können Schwindel, Schlafstörungen, Sehstörungen oder Kopfschmerzen sein. Nachdem diese Beschwerden aber auch aus anderem Grund auftreten können, besteht die Gefahr, dass wir sie nicht ernst nehmen. Die Folgeschäden sind gravierend: Schädigungen am Herzen, Herzinfarkt, Verengung oder gar Verkalkung der Gefäße, Schlaganfall, Schädigung der Nieren.

Wichtig zu wissen ist, dass Ihr Blutdruck je nach Tages- und Lebenssituation schwanken kann, das ist normal.

Mein Tipp: Behandeln Sie Ihren Körper nicht schlechter als Ihr Auto. Gönnen Sie sich einen regelmäßigen Blutdruck-Check beim Arzt. Wenn bei Ihnen ein Bluthochdruck-Risiko besteht, können Sie sich ein eigenes Blutdruckmessgerät zulegen, um regelmäßig Ihre Werte zu messen (Achtung: nur im Ruhezustand!).

Bei hohem Blutdruck muss man rasch reagieren und das geht leider meist nur mit Medikamenten. Parallel dazu sollten aber die Lebensgewohnheiten angepasst werden, um möglichst schnell wieder ohne Tabletten auskommen zu können.

Gerade bei Bluthochdruck haben Sie gute Chancen, Ihre Gesundheit durch eigenverantwortliches Verhalten zu stärken und wieder zu besseren Werten zu gelangen. Die Maßnahmen sind denkbar einfach und erfordern lediglich – Sie ahnen es schon – ein wenig Disziplin:

Gewichtskontrolle, regelmäßige Bewegung und angepasste Ernährung.

Ihr Engagement beschert Ihnen gerade hier wichtige Investitionen in die Altersgesundheit.

Wie viel Wasser brauche ich am Tag?

- ☐ Mindestens 1,5 Liter.
- ☐ Eine Frucht genügt.
- ☐ Mit dem Essen nimmt man genügend Wasser zu sich.

Der menschliche Körper besteht zum allergrößten Teil aus Wasser, unser Hirn enthält im Verhältnis sogar das meiste Wasser. Das Blut fließt dank ihm, die Nervenzellen, die Muskeln, die Verdauung, alle Funktionen sind 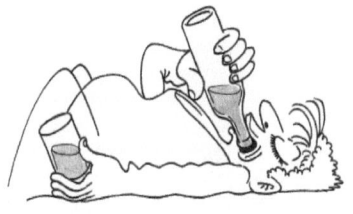 auf ausreichend Wasser aufgebaut. Nicht auf Cola, Bier oder Wein, schon gar nicht auf Schnaps, der angeblich die Verdauung beschleunigen soll. Reines Wasser – ohne störende Kohlensäure-Beigabe – ist die beste Basis für unser Dasein. So ist es schon immer gewesen.

Gerade im Alter wird der Flüssigkeitsbedarf häufig unterschätzt. Viele Menschen empfinden weniger Durst und vergessen schlichtweg, sich mit ausreichend Flüssigkeit zu versorgen. Dabei ist es ganz einfach: Der Durst kommt nämlich beim Trinken. Man kann ihn sich antrainieren.

Vielleicht ist Ihnen schon mal aufgefallen, dass wir uns immer nur dann zuprosten, wenn wir

Alkoholisches zu uns nehmen? Wenn wir uns mit lebenswichtigem Wasser versorgen, geschieht das meist völlig »geräuschlos« und unbeachtet. Drehen Sie das doch einfach einmal um: Genießen Sie jeden Schluck Wasser wie ein Heilmittel für Ihr Wohlbefinden. Trinken Sie es ganz bewusst und mit der gebührenden Achtung.

Wasser darf nicht durch andere Substanzen gebunden sein: Im Wein liegt vielleicht Wahrheit, aber kein Tropfen Wasser, das Ihrem Körper nützen würde. Gleiches gilt natürlich für Bier und andere Alkoholika. Milch enthält viel Gutes, aber auch eine Menge Fett. Wenn Sie sie gegen den Durst trinken möchten, dann ist fettarme Milch die bessere Alternative.

Der Mensch sollte an einem normalen Tag mindestens 1,5 Liter Flüssigkeit trinken, bei schwerer Arbeit, sportlicher Betätigung oder Hitze deutlich mehr. Der tatsächliche Bedarf an Flüssigkeit liegt höher, aber wir nehmen sie auch durch feste Nahrung auf.

Tipp: Deponieren Sie an allen möglichen Stellen in Ihrer Wohnung, im Büro oder im Auto Wasserflaschen zum Nachfüllen.

In der Regel können Sie unbesorgt Leitungswasser trinken. Die Qualität ist üblicherweise sehr gut und es ist noch dazu kostengünstig.

Kontrollieren Sie Ihren Verbrauch, um sicher zu gehen, dass Sie genug trinken, und animieren Sie sich und Ihre Mitmenschen mit einem wissenden »Zum Wohle!«

Salz macht Wangen rot – oder früher tot?

☐ Salz ist das Lebenselixier schlechthin, je mehr, umso besser!
☐ Salzlos leben ist gesund.
☐ Die richtige Menge Salz ist vor allem im Alter wichtig.

Salz wurde bis zum Ende des Mittelalters mit Gold aufgewogen, es war ein Luxusartikel, den sich nur Reiche leisten konnten. Unser Salz ist heute in der Regel mit Jod versetzt – ein Spurenelement, das wir unter anderem für unsere Schilddrüse und den Stoffwechsel benötigen. Wer zu wenig bekommt, leidet unter Mangelerscheinungen. Noch bis in die 1950er-Jahre gab es besonders in Bergregionen Menschen mit Kropf. Heute ist jodiertes Salz überall zu haben und oft kann man beobachten, dass Salzstreuer ausgiebig und unnötig benutzt werden, noch bevor das Essen überhaupt probiert wurde.

Kochsalz ist für unseren Organismus ein unentbehrlicher Stoff. Es reguliert den Wasserhaushalt, hält die Gewebespannung aufrecht, ist verantwortlich für Stoffwechselvorgänge und wirkt als Signalstoff, um Informationen im Nervensystem weiterzuleiten. Wer darauf ganz verzichtet, wird bald negative Reaktionen des Körpers spüren. Wer große Mengen davon zu sich nimmt, wird das allerdings ebenfalls zu spüren bekommen, denn auch damit sind Störungen des Organismus programmiert, die sich bei jedem Menschen anders auswirken können.

Welches ist also die richtige Menge? Die Weltgesundheitsbehörde WHO empfiehlt fünf Gramm pro Tag. Das ist die Menge, die bereits in zwei Scheiben Brot enthalten ist. Dazu kommen »versteckte« Mengen in Fertigprodukten, Konserven, Gebäck, Wurst und Käse. Salz lauert überall, schließlich hat die Industrie ein hohes Interesse, dieses billige Produkt geschickt zu verkaufen. Mein Metzger gestand mir neulich lächelnd: »Ein Kilo Salz gibt schlussendlich auch ein Kilo Wurst.«

Die meisten von uns haben sich im Lauf der Zeit an zu hohe Salzmengen in der Nahrung gewöhnt, wir empfinden den Geschmack als angenehm. Aber man kann seinen Geschmackssinn auch umtrainieren, indem man zum Beispiel stärker andere Gewürze verwendet.

Wenn Sie sich ausgewogen ernähren, brauchen Sie eigentlich keine zusätzlichen Salzmengen. Manches schmeckt aber ohne Salz einfach fade, und dann sollten Sie es bewusst einsetzen: **ein Teelöffel (das entspricht 5 Gramm) pro Tag ist genug. Salzen Sie bewusst und möglichst wenig** und lassen Sie den Salzstreuer zum Nachwürzen einfach stehen.

Und das zur Erinnerung: Selbst ideal zubereitete Nahrung hilft nichts, wenn das Transportmittel nicht in ausreichender Menge vorhanden ist: Wasser!

Menschliches

Wie lange kann man im Alter Auto fahren?

☐ Ich fahre so lange es geht, auch mit Risiko, schließlich habe ich jahrzehntelange Erfahrung.
☐ Mit einem guten Beifahrer geht das schon.
☐ Ich höre mit dem Fahren auf, wenn ich merke, dass ich nicht alle Situationen klar im Griff habe.

Mit zunehmendem Alter lassen unsere Sinne unmerklich, mitunter aber deutlich nach: Augen  nutzen sich ab, sie werden trüb und lassen Licht nicht mehr so stark durch wie in der Jugend. Plötzlich blendet Licht nachts extrem. Wir hören schlechter und unsere Glieder werden steifer, vor allem im Halsbereich. Da kann Autofahren schnell zum Risiko werden. Ab einem Alter von 75 Jahren steigt das Unfallrisiko aufgrund verminderter Fahrleistung an.

Seien Sie so ehrlich zu sich selbst, reduzieren Sie Fahrten auf das Allernötigste, lassen Sie sich regelmäßig testen und steigen Sie auf öffentliche Verkehrsmittel um, wann immer das geht.

Es lohnt sich für Sie, denn ein Unfall im Alter bringt viel mehr Umstände als früher.

Und männliche Oldies sollten es sich »abschminken« zu glauben, dass Frauen ab einem gewissen Alter noch auf PS reinfallen.

Soll ich reisen oder lieber zu Hause bleiben?

☐ Reisen ist im Alter aufwändig und völlig unnötig.
☐ Reisen hebt das Lebensgefühl und hält körperlich und geistig fit.
☐ Wer viel reist, lernt viele Menschen kennen und ist dadurch weniger allein.

Großeltern bleiben zu Hause, zehren von ihren Lebenserinnerungen, leben sparsam und erzählen den Enkeln von früheren Reisen. So war es tatsächlich einmal. Heute kann und darf ein Senior die Welt bis ins hohe Alter entdecken. Transportunternehmen und die Tourismusbranche haben sich längstens darauf eingestellt. Senioren sind willkommen und als zahlungskräftige Kunden auch gern gesehen. Wer allerdings ständig unterwegs ist, verliert das Gefühl für den Wert des Reisens.

Wer dagegen in individuellen Etappen plant, freut sich mehr darauf, lebt schon während der Vorbereitung dank Vorfreude intensiver, reist bewusster und intensiver. Bewusstes Reisen gibt uns eine Menge Anregungen: Wenn wir andere Kulturen und Lebensweisen kennenlernen und sie mit unseren Gewohnheiten vergleichen, können wir unsere Art des Lebens reflektieren und vielleicht auch verändern. Reisen bietet die Chance, auf interessante Menschen zu treffen und neue, manchmal sogar tiefe soziale Kontakte zu schließen. Reisen hilft gegen Einsamkeitsgefühle und es erweitert den Horizont. Es bildet und es erholt.

Dabei ist gar nicht entscheidend, wie viele Kilometer man zurücklegt. Wichtig sind die neuen Eindrücke, die überraschenden Begebenheiten, die nötige und sich daraus ergebende größere geistige und körperliche Beweglichkeit. Regelmäßiges Reisen mit offenen Augen und Ohren hält das Gehirn fit, das regelmäßige Ein- und Umstellen von Lebensgewohnheiten verlangt Flexibilität und hält die grauen Zellen auf Trab.

Wer reist, lässt das Gewohnte für eine gewisse Zeit hinter sich und lässt sich auf Neues ein. Das ist alles ein großer Gewinn und unser Leben wird reicher durch diese Erfahrungen.

Ein paar ganz persönliche Tipps – ich selbst reise gern und auch häufig: Organisieren Sie am besten alles selbst: Dank Internet und mit etwas Zeitaufwand sparen Sie nicht nur Geld, Sie fahren auch wissender und damit engagierter. Verweigern Sie sich dem Massentourismus und die Welt wird näher zu Ihnen kommen!

Freuen Sie sich auf Ihre nächste Reise, egal ob ins Nachbardorf oder an einen unbekannten, weit entfernten Ort.

Bis wann darf man sich verlieben?

☐ Bis zum letzten Atemzug.
☐ Mit 50 ist alles vorbei.
☐ Liebe bleibt der Jugend vorbehalten, danach wird alles mit dem Kopf geregelt.

Wenn Senioren einen neuen Partner finden und somit aktiv etwas gegen das Alleinsein tun, treffen sie auch heute noch oft auf Unverständnis. Dass Menschen in diesem Alter noch rot werden, wenn Ihnen eine Hand übers Knie fährt, dass Emotionen von großer Intensität entstehen können, wenn der Partner näher kommt, erstaunt viele. Warum eigentlich? Die Natur hat keine Altersgrenzen gesetzt für das, was hier passiert. Man nennt es einfach »Liebe« und das ist doch die normalste Sache der Welt. Weshalb lassen wir uns von Gesellschaft, Kirche oder irgendwelchen Meinungen verunsichern? Medien gaukeln uns vor, dass nur junge, schöne und perfekte Menschen einander lieben können. Wir alle wissen aus eigener Erfahrung, dass die Realität eine andere ist.

»Alte« Liebe kann viel zärtlicher, inniger, echter sein. Lassen Sie es zu und tun Sie es! Gegenseitige Liebe hält viel länger fit!

Alter bedeutet für viele Menschen Einsamkeit, zu wenig Aufgaben, Gefühle auf Sparflamme in allen Bereichen. Wenn Kinder oder Enkelkinder in Ihrer Nähe sind, die Sie lieben, ist das ein Geschenk. Die Liebe und Nähe zu einem Partner ersetzen sie aber meistens doch nicht.

Wahrscheinlich erging es Ihnen wie den meisten: Das ganze Leben über mussten Emotionen gegenüber Beruf, Alltag und anderen Sorgen zurücktreten. Und wenn dann endlich Zeit dazu ist, fehlen die Gelegenheiten. Vielleicht weil der Partner einen auf die eine oder andere Art verlassen hat, weil man selbst gefühlsmäßig abgestumpft ist oder weil im näheren Freundeskreis einfach kein Mensch ist, auf den man sich einlassen möchte.

Nur ganz Mutige wagen den Schritt in eine Altersliebe, die auch gerne mal ungeplant wie der berühmte Blitz aus heiterem Himmel zuschlägt. Dabei geht es zunächst oft weniger um körperliche Dinge als um den Austausch von Erfahrungen, Erinnerungen, Vorlieben, Lebensweisen.

Und ganz nebenbei entsteht dann Zärtlichkeit für den anderen und plötzlich gibt es wieder eine rosige Zukunft – mit lebensverlängernder Wirkung. Nur wegen eines zaghaft zugelassenen und doch so wichtigen Gefühls, der fast vergessenen Liebe.

Machen Sie sich nicht von vorschnellen Urteilen anderer abhängig. Wenn Ihnen danach ist: Wagen Sie es!

Brauchen Senioren noch Sex?

☐ Sex war früher, ich denke gern an diese Zeiten, das genügt mir.
☐ Ich tue es immer noch gerne.
☐ Oh nein, in diesem Alter zählen ausschließlich die geistigen Werte!

Offen und ehrlich wird in unserer Gesellschaft selten über das Thema »Sex im Alter« gesprochen. Das Thema ist noch immer tabu und es schwirren viele Vorurteile durch die Öffentlichkeit. Tatsache ist aber, dass wir bis ins hohe Alter eine Menge Gefallen am Sex finden können, egal ob gleichgeschlechtlich oder hetero. Zärtlichkeit und körperliche Nähe stärken das Selbstwertgefühl, Sex kann Krankheiten reduzieren und hilft die Lebensqualität zu erhöhen. Natürlich ist die Liebe im Alter anders: Die Qualität der Erotik, die Ruhe, der fehlende Stress, die gewohnte Partnerschaft, kein Zwang zu immer Neuem machen Sex im Alter zu etwas Liebenswertem. Hautkontakt und Zärtlichkeit, Geborgenheit und das Wohlbefinden bekommen eine größere Bedeutung. Probieren Sie es selbst!

Sex nach 50, das ist erwiesen, schützt vor Altersproblemen. Er kann sogar das Leben verlängern, wenn er regelmäßig und mit Lust praktiziert wird: Hormone stärken das Immunsystem, die Bewegung wirkt durchblutungsfördernd, Sex kann Schlaganfällen vorbeugen, Schmerzen vorübergehend lindern, die Gefäße schützen und sogar Knochenschwund (Osteoporose) reduzieren.

Mehr Selbstbewusstsein, eine positivere Sicht auf das eigene Älterwerden und viele individuelle Veränderungen sind positive Nebenerscheinungen. Fortschrittliche Altersheime erlauben mittlerweile Wohneinheiten zum Abschließen, denn Sex muss intim bleiben.

Wenn »nichts mehr steht«, sinkt das Selbstwertgefühl bei Mann und Frau. Medikamente gegen Erektionsstörungen können helfen. Auf jeden Fall sollten Sie aber vor der Einnahme mit Ihrem Arzt sprechen. Und die Frau muss nicht »auf dem Trockenen sitzen«, hier schaffen Gleitcremes Abhilfe.

Was für Sie die richtige Dosis ist, können nur Sie gemeinsam mit Ihrem Partner bzw. Ihrer Partnerin wissen. Was aber für uns alle gleichermaßen gilt: Genuss und Freude am Sex zu empfinden, unterliegt definitiv keiner Altersgrenze.

Werfen Sie Ihre moralischen und altersbedingten Vorurteile, so Sie sie haben, über Bord und tun Sie es, wenn es sein muss auch medikamentös unterstützt, regelmäßig. Nehmen Sie sich Zeit dafür, sprechen Sie gemeinsam darüber und genießen Sie Sex in seiner lebensstärkenden Form!

Wie ist das mit dem Fernsehen?

☐ Der Fernseher ist mein Fenster nach draußen. Ich schaue fast alles.
☐ Der Fernseher ist das beste Mittel gegen Einsamkeit, er läuft eigentlich immer.
☐ Ich sehe bewusst fern und schaue nur, was ich vorher ausgewählt habe.

Die Versuchung ist tatsächlich groß, sich von den Angeboten der unzähligen TV-Kanäle berieseln zu lassen. Besonders, wenn das Wetter nicht so gut ist, man gerade nichts mit sich anzufangen weiß oder wenn das Gespräch in einer Partnerschaft stockt. Fernsehen ist ja auch fast so, als unterhielte man sich mit wirklichen Menschen, man fühlt sich nicht allein, denn Stimmen erfüllen den Raum oder Musik.

Doch auf die Dauer ist die Wirkung fatal: Beziehungsarmut, egozentrisches Verhalten und Phantasiearmut sind die Folgen. Fernsehen bietet bei richtigem Gebrauch nützliche Informationen und es hilft uns beim Abschalten. Es kann und darf Unterhaltung und Informationsquelle sein – aber bitte nur im Rahmen selbstbestimmter Zeiten, sonst finden Sie nie mehr aus diesem Film von Illusionen heraus.

Braucht man Bücher im Alter?

☐ Ohne Bücher könnte ich nicht leben.
☐ Bücher finde ich langweilig, es geht alles so langsam voran.
☐ Gebrauchsanweisungen ja, Romane nein.

Im Alter hat man – theoretisch – mehr Zeit als im Berufsleben. Viele Menschen beklagen sich über Einsamkeit und Langeweile. Plötzlich müssen sie selbst entscheiden, wie und womit sie ihren Tag verbringen und haben keine Vorgesetzten mehr, die ihnen das abnehmen. Hier könnte (oder besser: muss) das Buch Teil des Lebens werden. Lesen regt die Fantasie an, erweitert den Horizont, lässt uns abtauchen in andere Welten.  Ein gutes Buch kann stundenlang beste Unterhaltung bieten, den Intellekt fordern, Gedanken anregen oder ganz einfach schlau machen. Während Fernsehen passiver Konsum ist, sind wir bei Büchern immer selbst – in Gedanken – beteiligt.

Und für viele ist es eine gute Nachricht: Mittlerweile muss man keine schweren Bücher mehr mit sich rumschleppen: Wer mag, liest günstig und in großer Auswahl E-Books. Das ist besonders auf Reisen praktisch oder wenn Sie gern im Bett lesen.

Welche Rolle spielt Musik?

- ☐ Musik ist nur etwas für die Jungen.
- ☐ Von Musik lasse ich mich gern berieseln.
- ☐ Ich höre bewusst Musik und spüre, dass es mir dadurch besser geht.

Ein neues Forschungsergebnis, das insbesondere ältere Menschen aufhorchen lassen sollte, beweist: Wer bewusst und mit Genuss seine Lieblingsmusik hört, erfährt doppelt Positives:

- Gefäße werden um bis zu 25 Prozent erweitert,
- das Blut kann schneller und problemloser in den Adern pulsieren,
- das Gehör wird trainiert,
- die Stimmung hebt sich und
- man empfindet intensive Lebensfreude.

Probieren Sie es aus!

Es ist dabei egal, ob Sie Klassik, Jazz, Volksmusik oder Schlager etc. hören. Alle Musikstile, die Ihnen gefallen und Ihnen »unter die Haut gehen«, haben diese positive Wirkung.

Drehen Sie ruhig den Lautstärkeregler etwas mehr auf, Sie können ja den Nachbarn erklären, dass Sie dadurch länger fit bleiben.

Wozu brauche ich Internet?

☐ Das Internet hilft mir, Kontakte und Informationen zu finden.
☐ Das Internet ist unnötig, ich schreibe lieber Briefe und informiere mich in der Zeitung.
☐ Ich surfe mehrere Stunden pro Tag, werde dabei bald müde und bringe so meine Zeit herum.

70 Prozent der über 50-Jährigen benutzt heute das Internet regelmäßig, die anderen verweigern sich aus innerer Überzeugung dieser für sie neuen Technik. Es stimmt: Im Internet gibt es viel Schrott, manche gefahrvollen Seiten, dazu Betrüger und auch schlechtes Niveau.

Doch der Nutzen ist gerade für ältere Menschen kaum zu überschätzen – wenn man weiß, wie es geht. Wer sich um seine Gesundheit kümmert und selbst Verantwortung für sich übernimmt, kann im Internet viele nützliche Informationen finden. Das ersetzt mitunter sogar den Gang zum Arzt – natürlich nur bei kleineren Wehwehchen. Kostenlose Beratungen und selbst Ferndiagnosen sind heute üblich, man muss nur bereit dazu sein und wissen, wie man gute und verlässliche Informationen findet. Das gilt auch für andere Dinge des täglichen Lebens und sogar Behörden und Beratungsstellen sind gut über diesen Weg zu erreichen.

Das spart Zeit und Geld und man kann sich selbst viel Wissen aneignen. Wenn Sie mit der Technik nicht so ganz vertraut sind, dann lassen Sie sich ruhig von Kindern oder Enkeln helfen. Oder besuchen Sie einen Kurs, z. B. bei der Volkshochschule. Wichtig ist, das Internet kritisch zu nutzen und persönliche Daten nur dort preiszugeben, wo Sie sicher sein können, dass damit kein Missbrauch geschieht. Sie werden sehen: wenn Sie ein paar Mal »gesurft« sind, dann erkennen Sie schnell, was für Sie interessant ist und wo Sie besser nicht mehr vorbeischauen werden.

Internet ist gut für die Allgemeinbildung, es hilft gegen Einsamkeit, wenn Sie Menschen finden, die ähnlich wie Sie ticken. Internet gibt Ihnen einen positiven und »modernen« Lebenshintergrund, es hält Sie informiert und weiß oftmals schneller Rat, als Sie ihn sonst bekommen könnten. Setzen Sie es bewusst und gezielt ein, auf dass das berühmte »WWW« für Sie zum täglichen Leben gehören wird wie die Zeitung oder die Nachrichten.

Was bringt mir Wellness?

☐ Wer Wellness macht, verwöhnt seinen Körper optimal.
☐ Wellness ist nur eine Ergänzung zu vernünftigem Leben.
☐ Ohne Wellness hat man zu wenig Energie.

Wellness ist seit den 1990er- Jahren die große Modeerscheinung. Hotels und Alteneinrichtungen müssen eine Spa-Abteilung und eine abwechslungsreiche Wasserlandschaft haben, sonst werden sie nicht mehr gebucht. Aber was ist eigentlich Wellness? Wie das Wort »well« – wohlauf, gesund – schon sagt, geht es um ein wohliges Körpergefühl. Das wird von außen erzeugt durch Wärme, Massage, Wasser, Düfte. Der Körper entspannt, die Seele fühlt sich wohl, Stress fällt ab und insgesamt entsteht ein Hochgefühl.

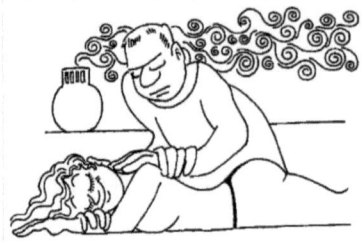

Wellness wurde entwickelt, um Menschen, die im hochangespannten Berufsalltag stehen, eine Oase der Ruhe und Regeneration zu schaffen. Wer Zeit hat und endlich auch keinen Stress mehr, für den bringen Wellness-Anwendungen eher wenig. Sie sind dann tatsächlich purer Luxus und sollten auf keinen Fall als Ersatz für regelmäßige Bewegung und altersgerechte Ernährung dienen.

Und seien wir mal ehrlich: Die meisten von uns können es sich auch auf andere Weise gutgehen lassen. Was hat der Mensch denn vor der Wellness-Epoche zu seiner Entspannung getan? Er ist spazieren gegangen, hat sich mehr oder weniger geistreich unterhalten, hat gelesen.

Nur, weil jetzt alles viel aufwändiger, teurer und künstlicher ist, heißt das noch nicht, dass es uns mehr hilft. Wellness ist schließlich auch kein Wundermittel für körperliche und seelische Probleme. Es ist eine sicherlich sehr angenehme und wohltuende Auszeit – wenn man sie sich leisten kann und will.

Finden Sie für sich heraus, ob Wellness Ihnen wirklich hilft oder ob sich die Wirkung auf den schönen Moment, die Düfte in wohliger Wärme und die sanften Anwendungen beschränkt.

Meine Erfahrung ist: Bei Krankheit helfen mir ärztliche Behandlung und Therapien. Vorbeugen muss ich selbst – aktiv, mit klaren Zielen und regelmäßig. Echte, entspannende und zielgerichtete Bewegung im Freien bringt mir Kondition, vernünftige Ernährung die Spannkraft für ein positives Lebensgefühl. Kommunizieren, lesen, selektiv fernsehen und Interesse an Kultur bringen mir tiefes emotionales Erleben, Wellness nur ein leichtes Kratzen an der Seele.

Glück im Alter – gibt es das?

- ☐ Ja, aber nur bei Reichen.
- ☐ Alter ist Abbau von allem, ein Unglück jagt das andere.
- ☐ Mit wissender Eigeninitiative gibt es definitiv ein Altersglück.

Wer glaubt, Reiche seien glücklicher, täuscht sich gewaltig. Bei ihnen dreht sich meist alles ums Geld: Sie sorgen sich, ihr Vermögen weiter zu vermehren, sie haben gesellschaftliche Verpflichtungen und sie sind selten zufrieden, weil es sie wurmt, dass andere die größere Villa, die längere Yacht oder mehr Medienpräsenz haben. Alt werden ist für Reiche eine Katastrophe, denn in ihrer Umgebung ist Jugendlichkeit und Äußeres alles.

Im Alter haben wir es alle mit Einschränkungen zu tun: bisher alltägliche Fähigkeiten werden weniger oder gehen verloren, wir sind zum Beispiel weniger beweglich und unsere Sinne verlieren an Kraft. Das ist unangenehm und vielfach auch lästig, aber es gehört zu diesem Lebensabschnitt einfach dazu. Was nicht passieren sollte, ist, dass diese Einschränkungen uns in unserer Zufriedenheit beeinträchtigen. Wer sich in sein vermeintliches Unglück vertieft, wer »früher alles besser« fand oder womöglich sein rasches Ende herbeisehnt, nimmt sich die Chance auf eine Menge Lebensqualität.

Sie können ebenso viel zu Ihrem Glück beitragen wie zu Ihrer eigenen Unzufriedenheit. Und wenn Sie sich dem Positiven verweigern, laufen Sie sogar Gefahr, den altersbedingten Abbau noch zu beschleunigen! Denn leider liegt es in der Natur des Menschen, dass er schneller abbaut, je mehr er sich als alt und gebrechlich ansieht.

Und eines ist klar: Altersglück sieht ganz anders aus als das, was wir im bisherigen Leben erlebt oder ersehnt haben: Es geht nicht um die großen Emotionen an den wichtigen Stationen im Leben wie Hochzeit, Geburt oder beruflicher Erfolg. Im Alter geht es vielmehr um das kleine, oft leicht zu übersehende Glück: Die Freude, anderen Menschen etwas Gutes zu tun, der Kontakt mit Tieren, die Natur in all ihren Facetten, der Brief  oder die E-Mail, die einem Bestätigung oder Wertschätzung vermitteln, die Familie, die Minierfolge im eigenen Hobby, die Erinnerung an vergangene positive Dinge, die besondere Wirkung von Musik und alles, was das Leben reicher macht.

Wer zulässt, dass solch »kleine« Glücksmomente tatsächlich zu persönlichem Glück werden, kann nicht nur länger, sondern länger positiv leben.

Geburtstagstress im Alter

»Ich bin schon 66 – bald ist alles vorbei.« Dies ist eine oft gehörte Aussage. Sie stimmt und stimmt nicht, je nach Lebensstil und Vorleben des Geburtstagskindes.

Bei unseren Eltern traf das oft noch zu, weil sie durch weitaus härtere Arbeitsbedingungen ausgelaugt waren und kaum viel älter werden konnten. Heute ist das anders. Und jeder hat die Verlängerung der einen Hälfte seines Lebens selbst in der Hand, die andere wird von den Genen bestimmt. Packen Sie es an, dann sind Sie mit 66 noch nicht alt, sondern beginnen erst den letzten langen Teil Ihres Daseins.

Vielleicht kennen Sie das auch: An Geburtstagsfeiern zum Beispiel geistern oft noch überholte Altersvorstellungen in den Köpfen der Gratulanten: »In ein paar Jahren hast du es geschafft« oder: »Merkst du schon was vom Ende?«

Falsch, falsch, falsch! Solche Aussagen sind unhöflich, weil das Geburtstagskind sich dadurch älter fühlt und ein Klima des Altseins auch für andere geschaffen wird.

Wer solche Sätze zeitgemäß und positiv formuliert, gratuliert besser und ehrlicher.

Mein Vorschlag: »Toll, was du alles machst, um dich gesund und fit zu halten!« – »Man sieht dir an, dass du aktiv und diszipliniert lebst. Du hast das Zeug zum Hundertjährigen.« Selbst Udo Jürgens sang schon vor Jahren:

»Mit 66 Jahren, da kommt man erst in Schuss, mit 66 Jahren ist lange noch nicht Schluss.«

Das Leben rast

In der Jugend die menschliche Ferne,

beim Schulabschluss leise Ahnungen,

bei der Hochzeit kaum Gedanken an die Zukunft,

im Alltag keine Zeit zum Älter-Werden,

die Pensionierung als Überraschung,

mit achtzig ungläubiges Staunen:

War das schon ein Leben?

Die letzten Jahre

Kann ich geistigen Verfall erkennen?

☐ Ja, ich beobachte mich ständig und trainiere mein Gedächtnis.
☐ Ja, ich habe viel darüber gelesen und kenne alle Anzeichen bestens.
☐ Nein, er ist schleichend und wird nur von meiner Umgebung erkannt.

Demenz ist eine heimtückische Erkrankung und sie verläuft immer ähnlich: Es beginnt ganz leise mit kaum bemerkbaren Symptomen, man vergisst Termine, wiederholt Sätze und Tätigkeiten ohne eigene Kontrolle und beschuldigt andere, etwas nicht gesagt zu haben, weil man sich einfach nicht daran erinnern kann. Daher ist diese Phase auch sehr leicht mit den üblichen Begleiterscheinungen des Alterns zu verwechseln.

Man selbst bemerkt nichts Ungewöhnliches an sich. Bald werden dann komplexe Handlungen schwierig, der Charakter kann sich verändern und dann kommt es häufig zu sozialen Auffälligkeiten. Man vergisst einzelne Worte, das Denk- und Erinnerungsvermögen nimmt ab und man verliert das Zeitgefühl.

Es ist tragisch zu sehen, wie ein einst aktiver Mensch zu einem Schatten seiner selbst wird. Demente Menschen sehen meist glücklich aus – und sind es auch, denn es fehlt ihnen jegliche Einschätzung der eigenen Situation.

Wer von dieser Krankheit betroffen ist, hat keine Chance, selbst diese Diagnose aufzustellen, denn Demenz verhindert schon früh, dass man sich selbst noch objektiv beurteilen kann. Die Krankheit stört Denkprozesse und hindert Betroffene an angemessenem Verhalten und Handeln. Bisher ist leider kein Wundermittel in Sicht. Aber es gibt Medikamente und Trainingsmethoden, die helfen, indem sie den Prozess hinauszögern. Derzeit ist Demenz aber unheilbar.

Doch wie viele Erkrankungen ist auch diese nicht nur Schicksal, sie kann durch das eigene Verhalten positiv beeinflusst und hinausgezögert werden.

Machen Sie doch einen Deal mit Ihrer Umgebung: Setzen Sie sich frühzeitig gemeinsam mit dieser Krankheit auseinander. Wenn es wirklich soweit kommen sollte, soll man Ihnen in allen Belangen helfen können.

Allein leben oder ins Heim gehen?

☐ Wer im Heim lebt, ist sicher und gut aufgehoben.
☐ Wer zu spät ins Heim geht, wird sich schwer integrieren.
☐ Wer alleine lebt, bleibt länger fit, und wird nicht von Mitbewohnern genervt.

Der Zwiespalt, in ein Seniorenheim oder eine Alters-WG zu gehen oder zu Hause wohnen zu bleiben, beschäftigt nicht nur die Betroffenen, auch die Angehörigen sind davon betroffen. Wenn es nicht anders geht, ist es für alle Beteiligten entlastend, ein pflegebedürftiges Familienmitglied sicher und gut versorgt zu wissen. Oft  geht diesem letzten Umzug eine schwierige Phase voraus. Viele Senioren leben so lange allein, bis es wirklich gar nicht mehr geht. Vielen ist gar nicht bewusst, dass sie nicht mehr in der Lage sind, ihren Alltag allein zu bewältigen. Und wohl allen zählt die Freiheit, selbstbestimmt zu leben und tun und lassen zu können, was man will, mehr als geregeltes und beschütztes Leben in einer Gemeinschaft. Sich vom Altbekannten trennen und noch einmal neu einrichten zu müssen, ist für viele mit Angst verbunden. Das ist nachvollziehbar und menschlich. Aber im Alter gibt es Lebenssituationen, die diesen Schritt erforderlich machen.

Entscheidend ist dann nicht die jeweilige Befindlichkeit, sondern die Antwort auf eine Frage, die man sich jeden Tag aufs Neue stellen sollte: »Bin ich noch beweglich und in der Lage, mein Leben allein zu bewältigen?« Und es hilft nichts, sich zu belügen. Auch wenn der Wunsch nach Individualität groß ist: Zuerst reicht ein wenig Hilfe von außen, doch bei vielen kommt irgendwann der Moment, an dem es nicht mehr geht. Dann ist guter Rat teuer und die schnelle Lösung ist selten die beste.

Daher kann ich Ihnen nur empfehlen, sich frühzeitig mit dem Gedanken an einen Umzug in ein Altenheim zu beschäftigen, selbst geeignete Häuser auszuwählen und zu entscheiden, wie Sie sich dort einrichten möchten. Frühzeitig bedeutet, in einer Phase, in der Sie keinen Druck haben und Herr Ihrer Entscheidungen sind.

Wenn Sie standhaft in Ihrer Wohnung ausharren, bis es nicht mehr geht, laufen Sie Gefahr, sich plötzlich, zum Beispiel nach einem Sturz, in unbekannten Möbeln in einer neutralen Wohnsituation wiederzufinden. Ihr Frust wird dann enorm sein, Ihre Bereitschaft, sich in der neuen Umgebung einzuleben, eher gering. Bei vielen Menschen führt das dazu, dass sie rasch nach dem Umzug sterben – wohl weil für sie nichts mehr lebenswert erscheint. Ein Heim oder eine

Alters-WG bieten die Chance, neue Bekanntschaften zu schließen und neuen Lebensmut zu bekommen. Wichtig ist doch, dass Sie im Rahmen Ihrer physischen Kräfte selbstbestimmt und zufrieden Ihr eigenes Leben leben können.

Wie geht richtige Altersvorsorge?

☐ Irgendwie wird im Alter mein Geld schon reichen.
☐ Ich bereite mich sorgfältig vor und plane mit Profis.
☐ Falls ich in finanzielle Not gerate, habe ich meine Familie und den Staat.

Vorsorgeanalyse – Anlageoptimierung – Online-Berechnungen – Rente und Kapital – Alterssteuer – Alterssparen – Altersvorsorge – Altersrentensystem – Alterskapital – Altersfonds – Alterserwerbstätigkeit

Blicken Sie da durch? Eigentlich sollten Sie diese Begriffe in- und auswendig kennen und für Ihre persönliche Situation anwenden. Sie sind Garant für ein positives und sorgenfreies Leben in der berühmten dritten Hälfte Ihres Lebens. Im Idealfall planen Sie mit 50 Jahren bereits Ihre finanzielle Zeit nach der Pensionierung, dann können Sie in den noch vor Ihnen liegenden rund 15 Jahren Ihre Vermögensangelegenheiten ordnen, sparen und alles so einrichten, wie Sie es sich vorstellen. Verlassen Sie sich nicht darauf, dass Ihnen jemand finanziell zur Seite steht. Vom Staat können Sie immer weniger erwarten und die eigene Familie ist meist auch nicht in der Lage, ihr Leben mitzufinanzieren.

Nutzen Sie das umfangreiche Angebot: Es gibt Kurse und Seminare zu ganz verschiedenen Themen rund um die finanzielle Ruhestandsplanung und -vorsorge: Nehmen Sie sich die Zeit. Es lohnt sich in jedem Fall: Sie verschaffen sich Sicherheit in diesen wichtigen Fragen und das trägt dann auch zu Ihrer Zufriedenheit bei. Suchen Sie sich frühzeitig Unterstützung bei einem Berater, bauen Sie ein Vertrauensverhältnis auf und ergreifen Sie mit dessen Unterstützung Maßnahmen, von denen Sie viele Jahre später profitieren werden.

Wenn Sie sich einen groben Überblick verschaffen möchten, können Sie eine der verschiedenen Online-Berechnungen nutzen. Ein persönliches Gespräch mit einem Experten ersetzen sie aber nicht – auch weil das Internet Risiken birgt. Nutzen Sie Informationsveranstaltungen, wählen Sie einen Profi aus, mit dem Sie gut klarkommen! Wenn Sie nicht selbst Experte in diesen Dingen sind, dann glauben Sie mir: **Mit seriöser und kompetenter Unterstützung in finanziellen Dingen sind Sie immer gut beraten.**

Mein Traum: früher in Pension gehen

☐ Frühpensionierung ist möglich bei rechtzeitiger Planung.
☐ Das können sich doch nur Superreiche leisten.
☐ Die finanziellen Einschnitte pro Jahr sind viel zu hoch.

Tatsächlich verringert sich die Rente bei einer Frühpensionierung beträchtlich, schließlich wird Ihr Alterskapital über weitere Jahre »gestreckt«. Doch solche Träume können Sie sich mit etwas Disziplin vorweg erfüllen: Spätestens mit 50 Jahren sollten Sie sich ausrechnen (lassen), wie hoch die Differenz ausfallen wird. Dann hätten Sie noch mehr als ein Jahrzehnt Zeit, entsprechende Mittel anzusparen.

Lassen Sie solche Gedanken zu! Wer sich im Beruf eingeengt fühlt, wenig Anerkennung bekommt oder neue Kreativität spürt, darf von einer frühen Freiheit träumen, was etwa zwei Drittel aller Arbeitnehmer tun. Höhere Anforderungen, die fortschreitende Technik und schneller Wandel von An- und Einsichten, denen man nicht mehr folgen will oder kann, sind oft Anlass, einen früheren Rentenbeginn zu erwägen.

Schieben Sie Ihre Träume nicht vor sich her: Rechnen Sie sie aus!

»In Rente« – ist das schon das Ende?

☐ Man kann sich nie genug fürs Alter aufheben.
☐ Im Alter werde ich mich gewaltig einschränken müssen.
☐ Richtig geplant, wird das Alter ein weiterer positiver Lebensabschnitt

Udo Jürgens fährt in seinem berühmten Song mit 66 Jahren nach San Francisco in die Wärme, um sein Rheuma auszukurieren. Er kann sich diese Reise problemlos leisten. Wie sieht es da mit Ihrer Rente aus? Wird sie allen Ansprüchen genügen oder reicht es später mal nur noch fürs Nacktwandern? Seine Bedürfnisse im Alter zu planen ist eine Kunst. Schließlich weiß niemand Jahre vorher, welche Wünsche und Bedürfnisse die Pensionierung auslösen wird. Sie können davon ausgehen, dass Ihr Gesundheitszustand weitaus besser sein wird als bei Ihren Großeltern. Die WHO hat eine neue Alters-Definition für Mitteleuropa herausgegeben:

- **65–75 Jahre:** **Jungsenior**
- **75–85 Jahre:** **Senior**
- **über 85 Jahre:** **alt**

Dank der Fortschritte in der Medizin und der Aktivitäten werden sich die Grenzen hier weiter nach oben verschieben. Machen Sie sich deshalb heute klar, über welche Mittel Sie verfügen werden:

- **Lebenshaltungskosten:** Sie liegen in der Regel etwas niedriger als im Berufsleben.
- Gewünschter **Lebensstandard**: Bedenken Sie hier neben Ihren Wohnverhältnissen auch Hobbys und Reisen.
- Haben Sie besondere **Anschaffungen** geplant?
- Wann soll der **Zeitpunkt der Pensionierung** sein?
- **Steuern**: Auch wenn das schmerzlich ist, das Finanzamt wird Ihnen weiterhin Briefe schicken.
- Ist eine **Weiterarbeit** nach der Pensionierung vorgesehen?

Mein Tipp: Nehmen Sie sich diese Themen genau vor, planen Sie und wägen Sie die Vor- und Nachteile mit einem Profi ab. Er kennt dank seiner Erfahrung sehr viel mehr Möglichkeiten als Sie. Sie sollten die Chance nutzen, Ihr Leben selbstbestimmt zu genießen!

Lassen Sie sich nicht von Ihrer Rente überraschen. Schon Jahre vorher sagen Ihnen Pensionskassen und Versicherer ziemlich genau, mit wie viel Geld Sie nach der Pensionierung rechnen können.

Wohin mit meinem Vermögen?

☐ Wenn ich nicht mehr lebe, ist mir ganz egal, was mit meinem Vermögen geschieht.
☐ Meine Nachkommen werden schon alles friedlich und gerecht untereinander verteilen.
☐ Ich habe ein klares, eindeutiges Testament und fühle mich damit wohl.

Familie und Freunde lernt man erfahrungsgemäß erst richtig kennen, wenn es um das liebe Geld geht. Regeln Sie deshalb bei Ihrem Erbe alle Details klar und juristisch unanfechtbar, berücksichtigen Sie Pflichterbteile und machen Sie sich kundig, unter welchen Bedingungen Testamente geändert werden können. Ihre innere Ruhe und Ihr Gerechtigkeitsgefühl werden es Ihnen danken. Und: Deponieren Sie Ihren letzten Willen so, dass man ihn auch am Tag X findet!

Im Zweifel können Sie sich auch von einem Rechtsanwalt beraten lassen.

Im Interesse Ihrer Erben noch ein Rat: Notieren Sie alle Konten, Spareinlagen, Immobilien und sonstiges Vermögen. Dokumentieren Sie auch, wo Sie welche Versicherungen abgeschlossen haben und ob Sie ggf. andere wichtige Verpflichtungen haben. Wer immer Ihren Nachlass betreut, wird es so leichter haben, sich zurechtzufinden.

Wie soll meine Beerdigung aussehen?

- ☐ Ich notiere meine Vorstellungen zur Beerdigung und deponiere sie so, dass sie sofort nach meinem Tod zur Verfügung stehen.
- ☐ Wenn ich tot bin, ist mir das egal.
- ☐ Meine Nachkommen werden das schon richtig machen, sie kennen mich ja.

Der Tod an sich setzt Verwandte und Bekannte schon unter Stress. Es ist deshalb für sie entlastend, wenn sie wissen, wie Ihre letzten Wünsche ausgesehen haben. Sie werden sie gern ausführen und müssen mit Ihrer Unterstützung in dieser schwierigen Phase nicht unnötig viele Entscheidungen treffen.

Wie detailliert Sie planen, liegt natürlich bei Ihnen. Mögliche Themen sind:

- Erd- oder Feuerbestattung
- Todesanzeige
- Ein-/Ausladungen zur Trauerfeier
- Ablauf der Trauerfeier
- Musikwünsche
- Textwünsche
- Leichenschmaus

Schreiben Sie Ihre Vorstellungen in einem Dokument nieder, man wird Ihnen dankbar sein. Sorgen Sie dafür, dass diese Informationen sofort nach Ihrem Tod bekannt sind. Oft werden Testamente erst Wochen später geöffnet.

Falls Sie mit konkreten Vorstellungen, was nach Ihrem Ableben mit Ihnen geschehen soll, Mühe haben oder sogar leicht in Panik geraten, spiegelt das voll das Tabu in unserer Gesellschaft wider. Wir alle vermeiden es konsequent, über den Tod und dessen Folgen zu sprechen. Selbst die Kirchen verweigern hier die nötige Klarheit und retten sich in nebulöse Vorstellungen und sprachliche Verklemmtheit. Ein Tabuthema aber bereitet Angst, weil wir nicht wissen, was wirklich geschieht.

Und dabei ist alles längst vorhersehbar. Eine regelrechte Industrie für die Zeit nach dem Tod ist entstanden, profitiert vom Unwissen und macht auch gerne genau deswegen besonders lukrative Geschäfte. Ihnen wird das dann egal sein, doch Ihren Angehörigen nicht. Helfen Sie ihnen mit klaren Entscheidungen, sprechen Sie rechtzeitig über diese Dinge. Ihnen wird wohler damit sein. Und auch hier sollten Sie auf Ihre Erfahrung vertrauen: Denn Sie waren doch sicher schon bei mehreren Beerdigungen und können »The Best of« für sich herauspicken?

Wenn Sie sich jetzt immer noch nicht dazu durchringen können, Ihre letzten Dinge selbst zu regeln, dann hilft Ihnen vielleicht die folgende Vorstellung, die zugegebenermaßen etwas gewöhnungsbedürftig, aber sehr wirkungsvoll ist. Nehmen Sie sich dafür einen Moment Zeit an einem ruhigen Ort:

Stellen Sie sich Folgendes vor:

Sie schweben wie ein Engel über dem Ort Ihrer letzten Stunde. Sie beobachten sich selbst dabei, wie Sie die Minuten vor Ihrem Tod erleben. Jetzt schließen Sie die Augen für immer und stellen Sie sich die Reaktionen Ihrer Liebsten, Freunde, Kollegen, Feinde vor. Sie durchlaufen alle Phasen, die Leichen heute durchlaufen. Sie spüren das Liegen im Sarg und das Abschiednehmen. Es folgt die Beerdigung mit allem, was Sie sich gewünscht haben. Und dann lassen Sie Ihrer Fantasie freien Lauf, was danach passiert. Nein, nicht Himmel oder Hölle, das ist Humbug. Was geschieht mit Ihrer Seele? Was wird aus den Menschen, die Sie mochten? Ihre Tiere, Ihre Wohnung, Ihr Vermögen? Und wie sieht all dies zehn, 50, 100 Jahre später aus?

Spielen Sie dieses ganz spezielle Theaterstück mental ein paar Mal durch und wandeln Sie es in verschiedene Richtungen und Ebenen ab. Sie werden bald merken, wie der Tod und die ihn umgebenden ungewohnten Vorgänge vertrauter und weniger furchterregend werden. Sie werden dieser Zeit ruhiger entgegentreten, können Entscheidungen treffen und sich vielleicht sogar positiver fühlen, weil Ihr Wissen die Macht der bösen Mächte reduziert.

Sterben – wie geht das?

☐ Sterben ist im Normalfall das langsame, leise Ende eines Lebens.
☐ Der Mensch spürt höhere Emotionen und merkt, wie die Seele seinen Körper verlässt.
☐ Unter großen Schmerzen und Widerständen leidet der Mensch bis zum letzten Atemzug.

Das Sterben wird durch Kirche und Mystik auf unwissenschaftliche Weise verklärt. Wenn weder Unfall noch schmerzhafte Krankheit die letzten Stunden prägen, ist Sterben das langsame Ende der körperlichen Kräfte. Wer vorbereitet ist, kann einschätzen, wann es ungefähr soweit ist: Nachlassende Energie, Ausgelaugtsein, 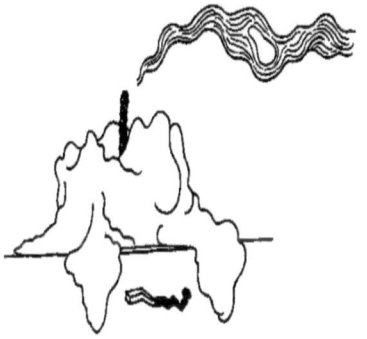 Reduzierung der lebensnotwendigen Kräfte führen in einen Zustand, den man mit beginnendem Schlaf nach großer körperlicher oder seelischer Anstrengung vergleichen kann. Wahrscheinlich wünschen wir uns alle einen Tod, bei dem es nachher so schön heißt: »Sie ist friedlich eingeschlafen«. Nicht allen ist er vergönnt.

Das Sterben wird in unserer Gesellschaft häufig verdrängt und keiner redet gern darüber. Weil wir uns nicht damit beschäftigen und deshalb auch nicht sagen können, wie ein würdiger Tod aussehen soll, ist es oft das Naheliegende, Menschen im Krankenhaus sterben zu lassen – eigentlich an einem Ort, um gesund zu werden.

Um der Familie nicht zur Last zu fallen, verbringen viele ihre letzte Zeit allein, obwohl gerade jetzt soziale Beziehungen so wichtig sind. Und häufig hindern der Alltag, Berufstätigkeit oder Gleichgültigkeit die Menschen an einem wissenden, humanen Umgang mit dem Sterben.

Ein Segen für viele, die an ihrem Lebensende schwer krank sind, ist die »Palliativ-Medizin«. Wenn Erkrankungen definitiv nicht mehr zu heilen sind, kann sie Schmerzen möglichst effektiv lindern, Beschwerden reduzieren und soziale und spirituelle Probleme mit einfühlsamer Kommunikation in den Griff bekommen.

Wenn Familienangehörige ebenfalls einbezogen und betreut werden, ist ein würdiges Sterben in Ruhe auch zu Hause möglich.

Denken Sie an umfassende Vollmachten

Wenn Sie nicht mehr in der Lage sind, für sich selbst zu entscheiden, brauchen Sie zwingend jemanden, der an Ihrer Stelle die Entscheidungen trifft, die Sie vorweg festgelegt haben.

Ohne klare Verhältnisse lösen Sie einen langandauernden bürokratischen Wirrwarr aus, der Ihnen und Ihren Angehörigen schadet. Für Klarheiten in Ihrem Sinn sorgt ausschließlich die **Vorsorgevollmacht**. Es ist eine Art Generalvollmacht, die Sie einer von Ihnen auserwählten Vertrauensperson erteilen. Sinnvoll ist die schriftliche Form, am besten scheint mir der Vordruck, den Sie beim Bundesministerium für Justiz (im Internet) beziehen können. Hier haben Sie die Möglichkeit, vieles anzukreuzen. Sie können aber auch zu einem Notar gehen, der kostet zwar etwas, gibt aber mehr Sicherheit.

Sie brauchen viel Zeit, um die richtigen Entscheidungen zu treffen. Hier ist eine Liste von Themen, über die Sie sich beim Ausfüllen einer solchen Vollmacht Gedanken machen sollten. Bitte beachten Sie, dass hier nur die wichtigsten Themen dargelegt werden:

- Was geschieht mit meinem Vermögen?
- Welche medizinischen Behandlungsmethoden will ich?
- Wann gehe ich in ein Pflegeheim?

- Wer vertritt mich vor Ämtern, bei Rentenangelegenheiten, bei der Post, vor Gericht?
- Wer soll für mich in allen weiteren Belangen sprechen und entscheiden, wenn ich es nicht mehr kann?

Außerdem sollten Sie eine **Patientenverfügung** ausfüllen, die konkrete medizinische Anweisungen gibt sowie eine **Betreuungsverfügung** für den Fall, dass Sie geistig, körperlich oder seelisch nicht mehr in der Lage sind, rechtliche Angelegenheiten auszuführen.

Das ist viel unangenehme Bürokratie, die Sie nicht von heute auf morgen erledigen können. Suchen Sie jetzt schon das Gespräch mit Freunden und Fachleuten und verschieben Sie das nicht auf morgen. Setzen Sie sich einen Termin, an dem Sie alles unter Dach und Fach haben werden:

Ich werde spätestens _____ (Monat und Jahr) alle Unterlagen fertig haben.

Meine Ansprechperson könnte sein:

_____

Bewahren Sie die Originale der Vollmachten in einem Ordner mit allen weiteren wichtigen Unterlagen auf, informieren Sie Vertraute darüber, deponieren Sie noch mindestens eine Kopie anderswo und tragen Sie am besten im Portemonnaie ein kleines Kärtchen mit den Daten Ihrer

Vertrauensperson bei sich, mit dem Hinweis, dass sie bevollmächtigt ist.

So können Helfer im Notfall schnell Kontakt aufnehmen, um in Ihrem Sinne zu handeln.

Weitere Infos, Beratung und Formulare finden Sie bei Krankenkassen, der Rechtsanwaltskammer, bei Ihrem Hausarzt, bei regionalen Behörden und natürlich im Internet.

Gibt es ein Leben nach dem Tod?

☐ Ja! Irgendwie geht es weiter.
☐ Nein, mit dem physischen Tod ist dieses Leben beendet.
☐ Die Seele lebt irgendwie weiter.

Nach heutigen Erkenntnissen ist mit dem Tod das Ende des Lebens eingetreten. Definitiv. Es gibt noch über Stunden ein Weiterexistieren einzelner Körperfunktionen, das notwendige Zusammenspiel zwischen Körper, Geist und Seele wird damit aber nicht verlängert.

Es gibt Tausende von Vorstellungen, wie das Leben in irgendeiner Form weitergehen könnte: Die Seele schwebt in den Himmel und kehrt irgendwann auf die Erde zurück, magische Kräfte bleiben auf der Erde und werden an Nachfahren weitergegeben, viele glauben an eine Wiederauferstehung oder die Reinkarnation – alles Glaube und Hoffnung auf eine Verlängerung. Was auch immer Ihre Vorstellungen sind: der Tod ist endgültig.

Manche lassen sich einfrieren, andere hoffen auf die Ankunft von Außerirdischen, einige lassen sich ins Weltall schießen. Viel Geld für nichts. Ich meine: Ein Mensch sollte sich auf sein Ende vorbereiten, ernsthaft und möglichst früh, damit ordnet er sich dem natürlichen Kreislauf unter und akzeptiert ihn. Er muss dann auch nichts für seine Ewigkeit und die Erinnerung an sich tun; still und leise und natürlich von der Erde weggehen wollen, verlängert das Wohlbefinden im Alter. Die Jagd nach Denkmälern, Erinnerungsstücken und Digitalisierung des eigenen Lebenswegs ist höchstens Belastung für die Nachwelt. Der physische Tod ist das Ende dieses Lebens.

Die Ewigkeit besteht aus etwa vier Milliarden Jahren. Dann verglüht unser Sonnensystem.

Aber vielleicht haben Sie andere Vorstellungen von Ihrem Tod? Schreiben Sie sie doch mal auf. Es ist gut, sich mit der eigenen Vergänglichkeit auseinanderzusetzen – so oder so:

_____

_____

_____

_____

* * *

Dies ist das Ende des Informationsteils dieses Buches. Danke für Ihr Interesse. Ich hoffe und wünsche Ihnen, dass Sie vieles von dem, was Sie hier gelesen haben, auch umsetzen können, um eine positive »dritte Hälfte« Ihres Lebens zu bestreiten.

Zum Schluss noch ein Tipp:

Der Mensch hat immer davon geträumt, nach seinem Tod ewige Spuren zu hinterlassen. Neuerdings gibt es sie, leider jedoch vielfach ungewollt und kaum kontrollierbar.

Jeder von uns hinterlässt Spuren im **Internet**, die so lange bleiben werden, wie es das Internet gibt. Das Netz nimmt keine Rücksicht, ob man noch lebt oder bereits tot ist.

Oh WWW! Löschen wird schwierig und kostet. Klare rechtliche Vorschriften fehlen bisher, jeder Anbieter hat andere Regeln, Angehörige kennen sich zu wenig in dieser virtuellen Welt aus oder haben kein Interesse und zu wenig Zeit.

Wenn Ihr letzter Wille ist: »Bitte löscht mich auch digital!«, wenn also Ihr digitaler Nachlass auch einmal geräumt werden soll, sollten Sie heute bereits Entsprechendes verfügen.

Ganz wird es trotzdem nie gelingen, darüber sollten Sie sich im Klaren sein.

Als Orientierungshilfe bei schwerer Krankheit oder Schicksalsschlägen möchte ich Ihnen noch eine spezielle Geschichte mitgeben:

Das ungarische Stehaufmännchen

Es war einmal ein weltberühmter Pianist, der bei einem Unfall den linken Daumen verlor. Er sattelte um auf Akkordeon und schaffte es bald mit viel Üben an die Weltspitze. Kurz darauf musste sein rechter Daumen amputiert werden. Er kämpfte sich als Trompeter trotz Handicaps nach oben, prompt war sein Mittelfinger weg. Er gab wieder nicht auf und wurde ein begehrter Schlagzeuger. Doch auch diese Phase endete mit einem Fingerverlust und er wurde Dirigent. Nachdem er eine ganze Hand verloren hatte, verzweifelte er beinahe.

Trotzdem lernte er fleißig weiter und wurde schließlich gefeierter Sänger.

(Erzählt von Laszlo, 92 Jahre jung)

Anhang

27	Wie alt kann ich werden?	Ich tue alles, damit ich so alt wie möglich werde.
29	Was erwarte ich mir vom Alter?	Positiv denken und handeln kann man lernen und es hilft, länger und besser zu leben.
32	Welchen Sinn gebe ich meinem Leben?	Ich setze mir klare Ziele und bin immer auf der Suche nach Neuem.
35	Wie groß soll meine »Bühne« sein?	Ich genieße es, hie und da als Spezialist gefragt zu werden und gebe mein Wissen gern weiter.
42	Ist gutes Aussehen im Alter wichtig?	Ja, wer gut aussieht, fühlt sich wohler und ist selbstbewusster.
44	Schaden ein paar Pfunde zu viel?	Ein »Rettungsring« schadet meiner Gesundheit.
50	Macht Bewegung im Alter Sinn?	Wer sich sinnvoll bewegt, fühlt sich wohler und sicherer.
52	Wie viel Bewegung ist gut für mich?	Pro Woche 1¼ Stunden intensiv oder 2½ Stunden leichten Sport treiben!
56	Was bringen Vorsorgeuntersuchungen?	Durch Vorsorgeuntersuchungen können Krankheiten frühzeitig erkannt und behandelt werden.

59	Wie hoch ist das Risiko, an Krebs zu erkranken?	Wer sich gesund ernährt und einen gesunden Lebensstil hat, erhöht seine Chance, nicht daran zu erkranken.
61	Wie viel Sonne braucht der Mensch?	Möglichst täglich eine halbe Stunde im Freien aufhalten.
63	Wie ist das mit dem Sauerstoff?	Tiefatmung versorgt alle Organe besser.
65	Schadet mir Alkohol?	Ein Gläschen in Ehren kann niemand verwehren.
67	Wozu regelmäßig Blutdruck messen?	Für alle Senioren gilt der Idealwert 120 zu 70.
69	Wie viel Wasser brauche ich am Tag?	Mindestens 1,5 Liter.
67	Salz macht Wangen rot – oder früher tot?	Die richtige Menge Salz ist vor allem im Alter wichtig.
74	Wie lange kann man im Alter Auto fahren?	Ich höre mit dem Fahren auf, wenn ich merke, dass ich nicht alle Situationen klar im Griff habe.
76	Soll ich reisen oder lieber zu Hause bleiben?	Reisen hebt das Lebensgefühl und hält körperlich und geistig fit.
78	Bis wann darf man sich verlieben?	Bis zum letzten Atemzug.
80	Brauchen Senioren noch Sex?	Ich tue es immer noch gerne.

82	Wie ist das mit dem Fernsehen?	Ich sehe bewusst fern und schaue nur, was ich vorher ausgewählt habe.
83	Braucht man Bücher im Alter?	Ohne Bücher könnte ich nicht leben.
84	Welche Rolle spielt Musik?	Ich höre bewusst Musik und spüre, dass es mir dadurch besser geht.
86	Wozu brauche ich Internet?	Das Internet hilft mir, Kontakte und Informationen zu finden.
88	Was bringt mir Wellness?	Wellness ist nur eine Ergänzung zu vernünftigem Leben.
90	Glück im Alter – gibt es das?	Mit wissender Eigeninitiative gibt es definitiv ein Altersglück.
96	Kann ich geistigen Verfall erkennen?	Nein, er ist schleichend und wird nur von meiner Umgebung erkannt.
98	Allein leben oder ins Heim gehen?	Wer im Heim lebt, ist sicher und gut aufgehoben.
101	Wie geht richtige Altersvorsorge?	Ich bereite mich sorgfältig vor und plane mit Profis.
103	Mein Traum: früher in Pension gehen	Frühpensionierung ist möglich bei rechtzeitiger Planung

104	»In Rente« – ist das schon das Ende?	Richtig geplant, wird das Alter ein weiterer positiver Lebensabschnitt.
106	Wohin mit meinem Vermögen?	Ich habe ein klares, eindeutiges Testament und fühle mich damit wohl.
107	Wie soll meine Beerdigung aussehen?	Ich notiere meine Vorstellungen zur Beerdigung und deponiere sie so, dass sie sofort nach meinem Tod zur Verfügung stehen.
111	Sterben – wie geht das?	Sterben ist im Normalfall das langsame, leise Ende eines Lebens.
116	Gibt es ein Leben nach dem Tod?	Nein, mit dem physischen Tod ist dieses Leben beendet.

Wann ist man alt?

Wenn Arthritis die Hände plagt?

Wenn Rücken und Beine ächzen?

Wenn Augen und Ohren an Kraft verlieren?

Wenn Rheuma im Körper spazieren fährt?

Wenn ausschließlich Vergangenes die Gedanken prägt?

Wenn selbst das Gedächtnis vergessen wird?

Alt ist man, wenn die Neugierde auf Neues fehlt.

Mein Führerschein ins Alter

Ich habe das ganze Buch

»Positiv ins Alter«

gewissenhaft gelesen und von 35 Antwortmöglichkeiten mehr als 30 richtige ausgewählt. Ich werde mich an die Tipps halten und gut vorbereitet und positiv eingestellt durch meine dritte Lebenshälfte navigieren.

Ort, Datum   Unterschrift

Dieses Dokument bitte unaufgefordert dem Hausarzt, Partnern, Freunden und Bekannten* vorlegen!

* Die Wirkung auf den Sensenmann wird derzeit noch erprobt

Mein besonderer Dank geht an

Inga Buchinger	für den unermüdlichen Service an der Tastatur, bei der Recherche und der Hilfe beim Entstehen dieses Buches.
Birgit Günther	für ihr einfühlsames Lektorat, die kreative Bearbeitung und die gute Zusammenarbeit.

Wir schreiben Ihre Geschichte

Sie blicken auf ein spannendes, einzigartiges Leben und möchten Ihre Erinnerungen bewahren? Wir bringen Ihre Biografie in den passenden Rahmen:

  📖 **Lebenserinnerungen**
  📖 **Familienchroniken**
  📖 **Paarbiografien**
  📖 **Unternehmensbiografien**

Als Textband, Bildband, E-Book, Zeitleiste oder in Ihrem Wunschformat. Gehen Sie mit uns auf Spurensuche, halten Sie das Erlebte fest und geben Sie es an kommende Generationen weiter. Das individuell gestaltete **Buch Ihres Lebens**.

Ein Geschenk, das bleibt – für sich oder für Freunde und Familienangehörige.

  ➔ **www.erzähl-mir-dein-leben.de**

Bildnachweis: BirgitH-pixelio.de, Silke Kaiser-pixelio.de